오키나와와
평화

강근형 · 고성준 · 김부찬 · 김태일
양길현 · 이창익 · 장원석 공 저

보고사

서 문

오키나와와 제주는 섬이라는 공통성을 갖고 있으며 지정학적 특성과 인류학적 특성에서 많은 유사성을 발견할 수 있다. 오키나와와 제주도는 일본과 한국을 아시아와 연결시키는 교량역할을 수행할 수 있으며 각각의 나라에서 태평양을 향한 창구가 된다. 오키나와는 인구가 130만 명으로 일본전체 인구의 1%에 해당되며 토지면적은 전체 일본의 0.6%를 차지하고 있고, 제주도 역시 한국에서의 물리적 위상은 오키나와의 그것과 비슷한 실정이다. 오키나와와 제주도는 주산업이 관광으로 오키나와는 연 300만 명, 제주도는 연 500만 명의 관광객이 찾는 국제 관광지이다. 이런 유사성 외에도 평화에 대한 주민들의 열망은 그 무엇보다 강한 동질감을 느끼게 할 것이다.

오키나와와 제주도 모두가 자신의 의지와 관계없이 20세기 중반 제2차 세계대전이라는 역사적 소용돌이 속에서 엄청난 고통을 강요받았다. 두 지역 모두 외부에서 전개된 일련의 사태에 의해서 주변부적 역사를 경험하였다. 다만 오키나와가 오키나와 전투로 인해 직접적인 희생과 피해의 주체가 되었던 반면, 제주도는 제2차 세계대전이 몇 달 일찍 종료됨으로써 직접적인 전쟁의 참화를 피할 수 있었으나 곧이어 전개된 냉전의 와중에서 엄청난 비극을 겪게 되었다.

오키나와와 제주도는 오래전부터 독자적인 평화문화 전통을 계승해 왔는데 오키나와는 류큐왕국 시절 강한 외세에 둘러싸여 있었음에도 불구하고 이 지역의 교역을 주도하는 해상무역국으로서 무기를 소지하지 않았으며 '친절, 평화, 문화적 다양성, 관용성'과 같은 미덕을 자랑해왔다. 또한 오키나와는 '외부에서 온 손님에게는 예를 갖추어 기꺼이 환영한다'는 평화적 개방의 전통을 견지해 왔다. 이러한 평화문화의 전통은 전후 미군기지철폐운동을 함에 있어서도 반미적 태도를 보이지 않고 미군을 만나더라도 '욕'을 안하고 큰 소리도 치지 않는 행동규칙을 견지할 수 있게 하였다.

오키나와는 60년 초 「평화의 초석」 논의가 시작되면서 「평화의 섬」 구상을 시작하였고 종전 50주년이 되는 95년부터 본격적인 사업에 착수하였다. 현정부 차원에서 평화도시건설을 목표로 「평화의 초석」·「평화공원」·「평화 기념관」 등을 조성하여 태평양 전쟁의 비극을 평화의 창출로 승화시켰다. 또한 오키나와가 갖는 역사적·지리적 특성에 초점을 맞추어 아시아—태평양 지역의 교류협력과 동아시아의 평화 실현을 목표로 「평화상」 사업과 「오키나와평화협력센터」 사업에 착수하였다.

제주도는 예부터 3무(無)정신을 바탕으로 한 평화·문화의 전통을 계승해 왔으며 대량살육의 비극인 4·3의 역사를 화해와 상생으로 승화시켜왔다. 또한 90년 초 한·소정상회담의 성공적 개최이후 한반도와 동북아의 평화정착에 기여하는 정상회담개최지로 자리매김하면서 본격적으로 「평화의 섬」 만들기에 나서게 되었다. 정부도 도민들의 이러한 노력을 뒷받침하여 특별법을 제정하고 「세계평화의 섬」 지정을 함으로써 제주가 「세계평화의 섬」으로 발돋움하는 계기가 마련되었다.

그동안 제주도는 제주평화포럼의 지속적 개최와 국제평화센터의 건립. 4·3평화공원의 건설, 감귤북한보내기 사업의 전개 등으로 한반도

와 동북아 평화에 기여하는 평화사업을 실시해왔으며, 특별자치도로
출범하면서 평화협력과의 신설, 세계평화의섬범도민실천협의회의 내
실화 등을 통해 평화의 섬을 향한 전진을 계속 해나가고 있다.

그러나 제주 평화의 섬 프로젝트가 성공을 거두기 위해서는 자체의
독자적인 노력 외에도 유사한 상황 속에서 동일한 노력을 경주하고 있
는 오키나와와 네트워크를 형성하고 교류협력을 증진시킬 필요가 있
다. 또한 그동안 평화의 섬을 지향해 온 오키나와현정부의 평화정책과
오키나와 시민사회의 노력은 향후 제주 평화의 섬 발전에 중요한 교훈
과 지혜를 제공할 것이다. 제주와 오키나와가 서로 협력하여 공동으로
평화의 섬을 건설해 나갈 때 이 지역의 평화는 더욱 더 깊게 그리고 넓
게 뿌리를 내릴 것이다.

본 연구서는 이러한 문제의식을 가지고 「세계평화의섬범도민실천협
의회」 교류분과위원회가 중심이 되어 지난해 12월 오끼나와를 방문하
여 6박7일 체류하면서 오끼나와와현청 평화정책 관련부서와 평화관련
NGO와의 간담회, 그리고 평화기념자료관을 비롯한 여러 현장에 대한
답사의 결과물이다. 그 후 1년 동안 수차례의 워크숍을 통하여 관련 주
제들을 검토한 결과 이 연구서가 탄생하였다. 이 보고서가 나오기까지
애를 써준 교류분과위원회 위원장 고성준 교수와 오키나와 방문 후 워
크숍을 주도해온 김부찬 교수, 이창익 교수를 비롯한 연구진 모두에게
깊은 감사를 드린다. 또한 행정적으로 뒷받침을 해준 제주특별자치도
평화협력과 관계자 여러분들과 오키나와 방문시 많은 도움을 주신 오
키나와 현청 김현숙 선생에게도 감사드린다.

2007년 12월
세계평화의섬범도민실천협의회 회장 송봉규

저자의 글

2005년 1월 27일 정부에 의하여 제주도가 '세계평화의 섬'으로 지정된 후 2006년 1월 11일 제정된 「세계평화의 섬 범도민실천협의회 설치 및 운영에 관한 조례」에 근거하여 '세계평화의 섬 범도민실천협의회' (이하, "범도민실천협의회")가 구성되었다. 범도민실천협의회는 평화교류분과, 평화안전분과, 평화환경분과, 평화문화분과, 그리고 평화봉사분과 등 5개 분과를 두고 지자체 및 민간 차원의 평화·인권 관련 평화활동을 추진하고 있다.

모든 국제교류활동이 평화와 관련되어 있는 것이기는 하지만, 제주도가 '세계평화의 섬'으로 지정된 후에도 특별히 '평화증진'을 목적으로 하는 국제교류활동은 아직 나타나지 않는 실정이다. 따라서 지자체 차원에서 평화도시 네트워크를 구축하고 민간 차원의 평화교류·협력을 활성화함으로써 교류지역(도시) 상호간 신뢰를 공고히 하고 교류·협력 사업의 성과를 제고하기 위한 방안 모색이 요망되고 있다.

평화도시 네트워크를 구축하고 민간 평화교류 활동을 적극적으로 추진하기 위한 방안으로서 제주도민의 '세계평화의 섬' 주체로서의 위상을 확립하고 민간(연구기관 및 평화단체)교류에 대한 국제적 네트워크 구축을 모색할 필요가 있다고 본다. 이에 범도민실천협의회는 평화교류분과를 중심으로 제주도와의 상호교류에 합당한 지역을 선정하여 방문함으로써 향후 지속적이며 내실 있는 평화교류 및 협력 사업을 추진해 나갈 수 있도록 하기 위하여 지난 해 12월 일본의 오키나와를 방문한 바 있다.

이 방문을 통하여, 오키나와는 제2차 대전 당시 오키나와戰에서 20여만 명이 희생되고 많은 문화유산이 파괴됨으로써 평화·생명의 소중함을 인식하게 되었다는 점에서 1948년 '4·3'의 아픔으로부터 인권과 평화의 소중함을 인식하게 되었던 제주의 경험과의 유사성을 재확인하였다.

오키나와가 지향하는 평화의 이념은 대체적으로 오키나와 전투의 증언과 상처 치유라는 과거의 방식에서 벗어나 아시아 태평양 지역의 분쟁해결과 인간 안보 지원사업으로 방향전환을 시도하고 있다고 볼 수 있으며, 이는 제주 '세계평화의 섬'이 지향하는 목표와 기본적으로 궤를 같이 하는 것이다. 오키나와는 아시아 태평양 지역의 교류·협력 거점을 지향하며 다양한 시책을 전개함으로써 국제교류와 협력을 추진하고 있으므로 제주도의 '세계평화의 섬' 전략과 부합하는 요소가 매우 많다고 본다.

오키나와 현청 방문을 통하여 제주특별자치도의 '평화협력과'와 오키나와 현청의 '평화·남녀공동참획과' 간의 교류 협력의 가능성을 타진하고 확인하는 기회를 가졌다. 반면 '세계평화의 섬'으로 지정된 제주도의 입장에서 '평화도시'로 알려진 오키나와와 아직 자매결연 수준 수준의 교류협력이 이루어지지 못하고 있는 상황을 보고 아쉽다는 생각이 들었다. 제주자치도와 오키나와현간에 자매결연이나 우호도시 수준의 공식적인 관계 수립이 필요하고, 최소한 평화기관 및 단체 상호간의 교류네트워크 구축이 이루어질 필요가 있다고 생각되었다.

NPO 평화협력센터(Okinawa Peace Assistance Center; OPAC)와 평화네트워크(Peace Network) 방문을 통하여 OPAC나 Peace Network 와 같은 민간단체와 상설적인 교류·협력을 추진할 필요가 있다는 점을 확인하였으며, 평화연구의 경우는 제주평화연구원 및 제주대 평화연구소, 평화교육의 경우는 제주대학교를 비롯한 각급 교육기관 및 평생교육시설, 평화봉사실천 및 교류의 경우는 범도민실천협의회를 비롯한 민간 평화단체가 중심이 되어 교류·협력을 추진해야 한다는 점을 확인하게 되었다.

오키나와의 현안인 '미군기지' 문제를 통하여 제주도의 현안인 '해군기지' 문제에 대한 해법을 찾아보려는 시도도 이루어졌으나, 오키나와와 제주의 상황에는 차이점도 많기 때문에 이로부터 어떤 시사점을 얻을 수 있는지 고민을 많이 하게 되었던 것도 사실이다.

평화기념자료관 등 평화시설물의 견학을 통하여, 상징적이고 이념적인 건축물을 건립하기 위해 기념관 건립 이전 3~4년 전부터 자료를 수집·관리하고 효율적인 전시계획을 수립해 온 점에 주목하게 되었다. 제주도의 경우 4·3 기념공원 건립과정에 있어서 이러한 점에 유의할 필요가 있다는 생각이 들었다.

평화에 대한 개념 설정에 있어서도 전쟁에 국한하여 접근하기보다는 전쟁을 예방하고 나아가 건강과 안전에 대한 위협으로부터 인간의 안전을 보호하기 위한 폭넓은 개념을 바탕으로 평화를 정착시키는 사업으로 개념 설정을 하는 것이 바람직하다고 보았다.

오키나와는 제2차 세계대전 당시 벌어졌던 치열한 오키나와전으로 인하여 현민 30% 정도가 희생을 치른 전쟁터였다. 아직도 곳곳에 전흔이 남아있고 위령탑이 여기저기 산재해 있으며 미군기지가 여전히 유지되고 있다. 전후 60년이 경과한 지금 전쟁경험자는 점점 사라져가고 전쟁의 참혹함을 기억하고 있는 사람도 적어져 전쟁을 모르는 세대들에게 오키나와전을 어떻게 전할 것인가가 문제가 되고 있음을 보았다.

오키나와 본도 남부에 있는 히메유리 평화기념자료관과 현립 평화기념자료관은 오키나와의 평화교육의 산실이자 외부인들에게 평화의 소중함을 일깨워주는 장이 되고 있으며, 이러한 자료관을 배경으로 평화교육이 활발히 이루어지고 있음을 확인할 수 있었다.

향후 오키나와와 제주도의 평화교류·협력 증진을 도모하기 위한 목적으로 오키나와 방문단을 중심으로 오키나와 평화 연구모임의 결성을 추진할 필요성도 있다는 데 방문단의 의견이 일치하였으며, 방문단에 참여한 교수들에 의하여 수집된 정보·자료의 검토정리와 연구를 거쳐서 오키나와의 평화연구, 평화교육, 평화운동, 그리고 평화사업 분야를 종합적으로 다루는 연구서를 발간하게 되었다.

오키나와 방문과 단행본 발간에 많은 도움을 주신 「세계평화의 섬 범도민실천협의회」 송봉규 회장님과 제주특별자치도 평화협력과 여러분께 깊이 감사드린다.

2007년 12월 저자 일동

목 차

오키나와와

평화

오키나와 평화 서설

I. 오키나와의 역사 개관[1]

오키나와라는 말(오키나와식으로 발음하면 우치나)은 오키나와 섬, 오키나와 제도, 오키나와 현 행정 구역을 지칭하는 세 가지 의미를 포

필자 : 장원석(제주대학교 정치외교학과 교수)

[1] 이하의 내용은 아라사끼 모리테루 지음/김경자 옮김, 『또 하나의 일본: 오키나와 이야기』1(역사비평, 1998); 오키나와현, 『오키나와 문화』(1992); 인터넷에 소개되고 있는 자료인 *History of Okinwa*(http://rca.open.ed.jp/web-e/history/index.html) 등을 주로 참조하였다. *History of Okinwa*는 Okinawa's Historical Guide for High School Students/1994, Edited & Published by Okinawa Prefecture Board of Education] [Ryukyu & Okinawa's History for High Schools/1997, Written by Toshiaki Arashiro, Okinawa Historical Education Research Faculty/Published by Toyo Kikaku] The Southern Kingdom, Ryukyu/1992, Published by NHK Publishing [Okinawa Compact Dictionary/1998, Edited & Published by Ryukyu Shinpo] [A Guide to the History of Okinawa Prefecture/1994, Edited by Okinawa Historical Research Group/Published by Yamakawa Shuppansha Ltd.] [The Culture of Okinawa/1992, Edited & Published by Okinawa Prefectural Government] [Okinawa's Cultural Assets Volumes 1 — 4/Edited by Okinawa Prefecture Board of Education/Published by Okinawa Prefectural Museum Tomo No Kai] [A Chart of Ryukyu Kingdom/1993, Kurayoshi Takara & Masayuki Dana/Published by Kawade Shobo Shinsha] [A Guide to Okinawa Prefectural Museum/1987, Edited & Published by Okinawa Prefectural Museum] 등의 영문 자료를 종합한 내용이다.

함한다. 오키나와 현의 160여개 섬들은 오키나와 제도, 미야코 제도, 야에야마 제도로 나누어지며[2], 약 40개의 유인도에 130만 명 남짓한 주민들이 살고 있다. 오키나와 현의 인구는 일본 전체 인구의 1% 정도이고 면적은 전 국토의 약 0.6%에 불과한 2,388평방킬로미터이다. 오키나와 현에서 가장 큰 섬인 오키나와 본도는 현 전체 면적의 53%를 차지하며 100만 명이 넘는 사람들이 살고 있다. 섬의 평균너비와 길이는 각각 10km, 130km이다. 미군 기지도 오키나와 본도에 집중되어 있어 섬 면적의 20%가 미군용지이다. 오키나와라는 말이 오키나와 지역의 총칭으로 공식 사용된 것은 1879년 류큐 왕국이 일본에 합병되면서부터이다.[3] 지도상으로 볼 때 규슈 남쪽 맨 밑에서 대만에 이르는 1300 킬로미터 해상에 걸쳐 분포한 약 200여 개의 섬들을 류큐 열도라고 부르는데, 류큐 왕국은 현재 행정적으로 가고시마 현에 속해 있는 일부 유인도들을 포함하고 있었다. 오키나와는 모든 섬의 평균 기온이 22C˚에서 23˚C 사이인 아열대 지역으로서 독자적인 역사와 문화를 간직하고 있다.

1967년에 오키나와 섬에서 발굴된 화석은 1만 7천년 전인 신석기 시대에 살던 사람들의 흔적을 보여주었다. 이들은 오키나와가 대륙과 연결되었던 시절에 중국으로부터 건너온 것으로 추정되고 있다. 많은 언어학자들에 의하면 오키나와 말은 일본어와 같은 계통이며 3세기에서 6세기에 이르는 시기에 공통의 언어를 사용하던 집단이 분리된 것으로 분석되고 있다. 민속학자들 역시 오키나와가 일본의 기층문화의 특질

---

2) 오키나와 제도는 조몬 문화의 영향을 받았지만, 미야코 제도와 야에야마 제도는 대만, 필리핀, 동남아 지역 문화의 영향을 받은 것으로 알려져 있다.
3) 류큐라는 표현은 14세기에 명나라에 의해 지칭된 한자어에 기원하였다. 오키나와라는 표현은 17세기에 사츠마 당국에 의해서 처음 사용되었다.

을 밝히는데 많은 실마리를 제공한다고 보고 있으며, 형질인류학자들은 유전자 분석을 통하여 오키나와에서 보이는 평균적 형질인류학적 특징은 모두 일본인에게서 나타나는 여러 특징 안에 속한다는 연구 결과를 발표하였다.[4]

1. 류큐 왕국

12세기경 오키나와 각 지역에 '아지'라고 부르는 호족 집단이 형성되었다. 이들 호족들이 서로 세력을 다투는 가운데 14세기 중반 경 오키나와 섬에는 남잔, 쥬잔, 호쿠잔의 3국이 형성되었다. 이들 각각은 오키나와의 남부, 중부, 북부 지역을 대표하였다. 1429년 남잔의 쇼하시가 3국을 통일하여 류큐 왕국을 창건하였으며 그것은 450년 동안 통일국가 상태를 유지하였다. 왕위에 오른 쇼하시는 슈리를 왕도로 삼고 각종 개혁에 착수하여 왕국의 토대를 구축하였다. 1469년에 가신 출신의 쇼엔이 왕위를 계승하여 제2쇼왕조가 탄생하였으며, 제2왕조의 제3대 군주인 쇼신왕 시대(1477-1526)는 류큐 왕국의 황금시대로서 오키나와는 역사상 가장 평화롭고 번영된 시대를 맞았다. 쇼신왕은 불교의 보호, 세금 인하, 미야코와 야에야마 제도에 대한 강력한 지배권 확립, 개인의 무기 소지 금지, 지방 영주의 왕도 거주 조치, 지배계급의 세습제 도입, 법과 질서의 확립, 음악과 예술의 궁정 도입, 중국과의 관계 강화, 국가종교제도의 정비, 슈리성 정비 등 11개의 치적을 남겼다.[5]

쇼씨가 통일한 류큐 왕국은 명나라와의 조공무역, 일본과 조선 및 동

---

4) 아라사끼 모리테루, 전게서, p.33.
5) 오키나와현, 『오키나와의 문화』, pp.6-7.

남아 국가들과의 중개무역을 통해 부를 축적하고 문화가 크게 발전하였다. 당시 류큐 무역선의 활동 범위는 일본뿐만 아니라 조선(부산), 중국(복주와 광동), 베트남(안남), 타이(샴), 말레이시아(말라카), 인도네시아(수마트라), 필리핀(루손) 등 아시아 전 지역에 걸쳐있었다.6) 14세기부터 16세기까지 200년간 류큐 왕국은 활발한 해외무역을 전개하여 역사의 황금시대를 구가하였으며, 이 시기에 나하항은 동아시아와 동남아시아 교역의 중심지가 되었다. 류큐의 해외무역은 16세기에 포르투갈과 스페인의 무역상인들이 출현하고 중국이 동남아시아 및 일본과 직접교역을 시작하면서 쇠퇴하였다. 포르투갈인들은 류큐 상인들에 대한 인상을 기록으로 남겼는데 내용이 자못 흥미롭다.

> "류큐 상인들은 신용할 수 있는 사람들이다. 그들은 노예를 사지 않으며 어떤 일이 있어도 자기네 사람들을 노예로 팔지 않는다.(중략) 그들은 성실하고 중국인보다 믿을 수 있으며 경외의 대상이다."7)

오키나와가 중국과 조공무역을 시작한 것은 14세기 3국 분립시대부터이다. 이 당시 명나라는 인근 국가에 대한 책봉절차와 조공관계를 통해 동아시아의 패자로서 위상을 확립하는 외교정책을 구사하고 있었다. 1372년 명나라 사절이 쥬잔국에 내왕하여 명이 천하를 통일하였음을 알리고 신하의 나라로서 예를 갖출 것을 재촉하자 이에 응하여 사자를 보낸 것이 조공무역의 시초이다. 곧 이어 남잔국과 호쿠잔국도 이에 따랐고, 3국을 통일한 쇼왕조도 이러한 전통을 계승하였다. 중국 측은

---

6) 아라사키 모리테루, 전게서, p.37.
7) 원문은 Tome Perez, "Diary of Travel in the Countries of the East," *The Great Age of Navigation*, Vol.5에서 발췌되었다.

류큐의 국왕이 즉위하면 책봉사절을 보내어 국왕취임을 인정하는 절차를 밟았으나 그것은 형식적 의례에 불과하였고 정치적 지배를 행한 것은 아니었다. 400여명으로 구성된 책봉사절단은 대개 6개월 정도 현지에 체류하며 신왕의 즉위에 따른 공식행사에 참여하였다. 류큐에서는 2년에 한번 300명 규모의 조공무역 사절단을 파견하였으며 명황제와의 접견과정에서 국왕의 친서가 전달되고 공물이 진상되었다. 류큐 왕국은 중국에 대해 공물을 바친 대가로 중국과의 독점적 교역의 기회를 제공받았으며, 중국의 상품을 수입하여 여타 아시아 국가들에게 수출하고 반대로 일본과 동아시아의 생산물들을 수입하여 중국에 수출함으로써 해상무역의 요충지로 위상을 굳혔다.

한편 물자 부족으로 애로를 겪었던 류큐 왕국은 중국에 보낼 공물과 거래 물품을 확보하기 위해 일본과의 교역에도 착수하였다. 류큐 상인을 통해 일본에 수입된 상품은 쇼군과 상층계급에 의해 애호되었으며 양국간의 교역은 우호적인 분위기 속에서 진행되었다. 그러나 본토와의 이러한 평화관계는 1609년 도쿠가와 막부의 허가를 얻은 사츠마군 3천명이 류큐 왕국을 침입함으로써 종지부를 찍게 되었다. 재정문제로 압박을 받았던 사츠마 번의 지배자 시마츠 씨족은 해외무역으로 부를 축적한 류큐 왕국에 대해 욕심을 갖고 있었다. 오래 동안 지속된 평화 속에서 군비를 거의 갖추지 않았던 류큐 왕국은 외적의 침입에 실질적인 저항을 하지 못한 채 10일 만에 정복되었다. 류큐를 정복한 사츠마 번 시마즈 씨족은 류큐 열도의 일부를 직할 식민지로 편입시키고 오키나와를 실질적인 속령으로 만들었다. 그러나 시마즈 씨족은 류큐 왕국을 해체하지 않았으며 그것이 독립 국가로서 외양을 유지하는 것을 허용하였다. 이러한 시마츠 씨족의 정책은 류큐를 이용하여 도요토미 히

데요시의 조선침략 이후 단절되었던 명과의 관계를 개선하고 중국과의
교역을 계속하려 했던 막부의 의사를 반영하였다. 이후 류큐 왕국은 중
국과 일본 양국 모두에 대해 조공관계를 유지했으며 새로운 국왕이 즉
위하면 에도 막부에도 사절단을 파견하였다. 일본과의 본격적인 접촉
이 이루어짐에 따라 이 시기에 와서 류큐의 문화는 일본 문화와 중국
문화가 혼합된 특유의 정체성을 새롭게 확립하게 되었다.

중국은 책봉체제하에서 류큐를 정치적으로 지배하거나 경제적으로
수탈하지 않았던 반면, 사츠마는 정치적인 지배권을 행사하였으며 경
제적으로도 류큐 주민들에게 많은 고통을 안겨주었다. 사츠마는 관리
를 파견하여 류큐 왕국의 국정을 감독하였으며 15개의 규제 조항[8]에
추가하여 문서에 의한 충성 맹세를 강요하기도 하였다.[9] 1650년 사츠
마는 류큐 지배를 정당화하기 위해서 최초의 공식적 류큐 역사서를 편
찬하고 류큐와 일본이 고대부터 밀접한 관계를 맺어왔으며 양국의 주
민이 동일한 민족임을 역사적 사실로 인정하는 이론을 정립하였다. 한

---

8) 15개의 규제조항은 다음과 같다. 사츠마 씨족의 허락 없이 중국으로부터 상품주문
   을 받지 않는다. 정부관리 외에는 토지를 유산으로 물려받지 못한다. 여자는 공직을
   수행할 수 없다. 남자 사노비는 허용되지 않는다. 지나친 사당 건설을 금지한다. 상
   인 되려면 사츠마의 승인이 필요하다. 류큐 주민을 일본으로 파는 행위를 금지한다.
   류큐는 사츠마 행정관이 규정한 세금과 공물을 바쳐야 한다. 류큐의 고위 관리는
   무시되지 않는다. 강제 구매나 매매를 금지한다. 싸움을 금지한다. 경미한 범죄를
   저지른 사람은 현지 관리가 재판을 하나 중범죄를 범한 자는 사츠마로 이송한다.
   류큐는 다른 지역에 무역선을 파견하지 않는다. 일본의 도량형만 사용한다. 도박과
   기타 부도덕한 행동을 금한다. *History of Okinwa*(http://rca.open.ed.jp/web-
   e/history/index.html)에서 요약함.
9) 맹세문의 내용은 다음과 같다. "류큐 왕국은 쇼군과 시마츠 씨족에 대한 의무를
   소홀히 한 결과 공격을 당했다. 그러나 시마츠는 씨족은 관대한 마음으로 오키나와
   섬들을 반환하였으니 우리는 자자 손손 이 고마움을 잊지 않을 것이며 시마츠 씨족
   을 배신하지 않을 것이다." *History of Okinwa*에서 정리함.

편 1623년 중국에서 제당법을 도입한 오키나와가 사탕수수를 이용하여 고가품인 설탕을 생산하는 새로운 산업개발에 성공하자, 사츠마 번은 오키나와에서 생산된 설탕의 일부를 조세로 나머지를 절반 수준의 가격으로 사들여 오사카 시장에 되파는 형식으로 막대한 부를 축적했으며, 일부 직할 식민지에서는 공물을 전부 설탕으로 대신하게 하며 농민들을 노예처럼 강제 노동에 동원하였다.10) 이외에도 류큐의 중개무역에 자금을 대고 부당한 이윤을 취하는 등 다양한 방식으로 부를 착취한 사츠마는 명치유신의 중심세력이 될 수 있는 경제력을 확보하였다.11)

2. 1879년 합병부터 오키나와 전투까지

1) 근대국가의 건설을 기치로 든 메이지 정부는 1872년(메이지5년)에 류큐 국을 류큐 번으로, 류큐 국왕을 류큐 번왕으로 격하한 후, 과거 봉건영주들처럼 화족12)의 일원으로 편입시켰다. 곧 이어 1874년 일본 정부는 대만에 군대를 파견하여 원주민들을 공격했는데, 이는 몇 년 전 태풍을 만나 대만에 표류했던 54명의 류큐 주민들이 대만 원주민들에 의해서 살해된 사건에 대한 보복이었다. 청국이 대만 원주민에 대한 일본의 징벌행동을 인정하자, 메이지 정부는 청국이 류큐를 일본 영토의

---

10) 아라사키 모리테루, 전게서, pp.42-44.
11) 그러나 사츠마의 지배층 사족들 중 일부 강경파들은 봉건적 신분에 근거한 특권을 폐지하는 근대화 조치에 반발하여 1877년 세이난 전쟁을 일으켰다가 메이지 정부군에 패배하여 몰락의 길을 걸었다. 정한론을 주장한 사이코 다카모리가 그 상징적 인물이었다.
12) 1872년에 만들어진 신분제도로서 공적, 후작, 백작, 자작, 남작의 작위가 신설되었다. 에도시대의 공경과 대명 외에도 국가에 공헌한 인사들이 추가적으로 작위를 부여하였다. 이 제도는 1947년에 폐지되었다.

일부로 승인한 것으로 간주하고 류큐 합병을 적극 추진하게 되었다. 1875년 메이지 정부는 류큐에 대해 청과의 책봉 및 진공관계를 금지시켰으며, 1879년에 160명의 경찰관과 400명의 군인을 출동시켜 류큐번을 폐지하고 오키나와 현을 설치하였다. 이 사건을 '류큐 처분'이라고 말한다. 이후 가고시마 출신자들이 현의 요직을 독차지하고 오키나와의 정치와 산업을 좌지우지하며 지배세력으로 등장하였다. 주민들의 봉기를 두려워 한 메이지 정부는 류큐의 구지배계층을 회유하기 위해서 폐번치현 조치 이후에도 30년 동안 이들 집단에 대해 토지관계와 조세체제 등 봉건적인 특권을 인정하고 신분에 따라 금록을 제공하였다. 이러한 제도개혁의 지연으로 인하여 오키나와의 근대화는 갖가지 왜곡된 모습을 보이게 되었다. 가령 한 예를 들면, 본토에서는 1989년에 공포된 대일본제국 헌법에 따라 1890년 제1회 중의원 선거가 실시되었지만, 오키나와에서는 조세개혁이 실시되지 않은 상태였기 때문에 유권자 자격을 확정하지 못함으로 해서 1912년 제11회 중의원 선거가 되어서야 선거를 실시할 수 있었다.[13] 마지막 류큐 국왕이었던 쇼타이는 후작의 지위를 받고 귀족원 종신의원으로 동경에서 여생을 보냈다. 1873년 메이지정부는 근대화 정책의 일환으로 징병제를 도입하였고 1885년에는 오키나와에도 이 법률이 적용되었다. 일부 오키나와 주민들은 징병을 피하려 하였지만 또 다른 일부는 일본 시민으로서 역할 수행에 만족을 표시하기도 하였다. 입대한 병사들은 언어의 차이로 병영생활 과정에서 차별적 대우를 받았음에도 불구하고 충실히 자신들의 임무를 수행하였다. 그 결과 러일전쟁에 참전한 오키나와 출신 병사들은 평균 이상의 희생자를 내었으며 정부로부터 충성심을 인정받기도

---

13) 아라사키 모리테루, 전게서, p.56.

하였다.

한편 일본경제는 제1차 세계대전 후 심각한 불황기를 맞게 됨으로써 일부 농촌지역에서는 기아사태가 발생하기도 하였는데, 오키나와에서도 상황은 마찬가지어서 가난한 농민들은 일자리를 찾아 본토의 고베와 오사카 지역을 비롯하여 더 멀리는 하와이, 남미, 태평양까지 진출하였다. 이러한 대규모의 이민은 후일 오키나와 디아스포라 사회의 모체가 되었다. 많은 주민들이 초목으로 연명하는 과정에서 독이 있는 소철 전분을 식량 대용으로 이용하다가 사망하는 비극이 발생하였는데 이를 빗대어 '소철 지옥'이라는 표현이 생겨나기도 하였다.[14] 1926년에는 일본 본토의 영향을 받아 오키나와에서도 사회주의 단체가 조직되었으며 노조의 파업활동이 시작되었다. 특히 학생 운동과 교사 노조가 활성화되어 지역의 사회주의 운동을 선도하였다. 동경에 유학중이던 오키나와 출신 젊은이들 역시 사회주의 운동에 적극적으로 가담한 결과 많은 학생과 운동가들이 투옥되고 추방되었다.

2) 태평양전쟁이 말기에 접어들자 오키나와는 거대한 요새로 변모하였다. 1944년에 제32군이 현지에서 창설되었으며 주민들로부터 군수물자 강제징발을 하기 시작되었다. 같은 해 10월 미군의 공중 폭격이 시작되어 나하시의 경우에는 건물의 90%가 파괴되고 귀중한 문화재들이 소실되었다. 폭격 직후 주민동원령이 발동되어 교사와 학생들이 징집되었으며 여학생들은 야전병원 간호요원으로 투입되었다. 1945년 3월 25일 오키나와 섬 주변에 집결한 1500척의 미군함대가 일제히 함포사격을 시작하였다. 미군 측에서는 18만 명의 지상부대를 포함하여 약

---

14) 상게서, p.57.

54만 명의 병력이 전투에 참여한 반면, 일본 수비대는 대략 10만 명이었고 그중 3분의 1은 오키나와 현지주민들로부터 징집한 병사들이었다. 1945년 3월 26일 미군은 케라마 섬에 상륙하였다. 퇴각하는 일본 군대에 의해서 주민들에게 자살명령이 하달되었고 미군의 만행에 대한 세뇌와 위압적인 분위기에 눌려 329명의 주민이 집단적으로 자살을 하였는데 이것은 오키나와 전투 당시 현지 주민들이 겪었던 비극적 상황을 보여주는 대표적인 사례였다. 오키나와 방언을 사용하는 주민들은 미군의 스파이로 간주되어 처형되었으며 다양한 형태의 인권유린이 자행되었다. 미야코 제도와 야에야마 제도의 경우에는 미군 상륙이 시도되지 않았지만 공중폭격과 식량부족, 말라리아의 창궐로 인해 주민 다수가 희생되었다. 1945년 4월 1일 미군은 오키나와 섬 동해안인 요미탄 지역에 상륙하여 절반의 병력은 북상을 하고 나머지는 남하하는 작전을 개시하였다. 5월 중순 슈리성 일대의 전투에서 궤멸상태에 빠진 일본군은 주민들을 인간방패로 삼아 남부 철수를 단행하였다. 많은 주민들이 오키나와 남단의 절벽에서 바다에 몸을 던져 목숨을 버렸다. 이처럼 섬 주민들이 많은 피를 흘리게 된 것은 일본군 사령부의 옥쇄작전 때문이었다. 오키나와 전투는 본토결전을 앞두고 최대한 시간을 벌며 유리한 협상을 이끌어 내려는 목적이 있었기 때문에 일본군 지휘부는 죄 없는 주민들의 희생을 감수하며 최후의 한 사람까지 싸울 것을 강요하였다. 이 전투로 징용자 혹은 종군위안부로 끌려온 1만여 명의 조선인 역시 희생되었다. 1945년 6월 22일 일본군은 최후의 전투에서 패배하였고 주둔군 사령관 우시지마 장군은 자결을 하였다.[15] 같은 해 7월

---

15) 종전 후에 6월 23일은 오키나와 현의 공식기념일인 '위령의 날'이 되었다. 한 때 '위령의 날'의 존재에 대해 불만을 품은 우익인사들에 의해 기념일이 없어질 위기에

2일 오키나와 전투는 공식적으로 종료되었지만 잔존병력이 최종적으로 항복한 것은 그 해 9월 2일이었다. '철의 폭풍'으로 불려진 이 전투로 오키나와 전체주민의 3분의 1에 해당하는 15만 명이 목숨을 잃었다.

3. 전후의 미군통치(1945–1972)

1) 제2차 세계대전 종료 당시 미국은 일본을 비무장국가로 만들려는 계획을 갖고 있었다. 그러나 냉전이 시작되자 일본의 위상을 재고하기 시작했으며 오키나와를 미군의 군사 요새로 만들려는 생각을 갖게 되었다.16) 1947년 6월 연합국 최고사령관 맥아더 원수는 이러한 생각을 처음으로 표명했으며, 쇼와 천황도 미국과의 협상을 유리하게 이끌고 자신의 전범소추를 회피하기 위한 호재로서 "미국이 오키나와를 25년이나 50년 혹은 그 이상에 걸쳐 지배하는 것이 양국에 이익이 된다."라는 의향을 전달하였다. 중국 본토가 공산화되고 한국 전쟁이 발발하자 미국정부는 일본을 재무장시키고 반공의 보루로 삼겠다는 새로운 전략을 채택하였다. 그 결과 일본 전 지역을 미군 군사기지로 활용하며, 오키나와를 일본으로부터 분리시켜 전략적인 거점으로 삼는다는 방침이 결정되었다. 이는 각각 미일안보조약과 대일평화조약 제3조로서 구체화되었는데, 두 조약은 1951년 9월 샌프란시스코에서 개최된 평화회담에서 체결되어 1952년 4월 발효되었다. 특히 대일평화조약 제3조는 오키나와를 반영구적으로 일본에서 분리하기로 결정하였다.17) 당시 오

처하기도 했으나 다수 현민들이 그것의 존속을 위해 노력한 결과 공식적 기념일로 유지되었다.
16) 최초에 미 군부는 국무성의 반대 때문에 오키나와 영구 주둔 문제에 대한 분명한 정책을 수립하지 못했다.

키나와 주민들은 이 조약에 반대하는 청원운동을 전개했지만 미·일 양
국은 이를 무시하였다. 미국이 굳이 오키나와에 대한 분리 지배를 고집
했던 것은 미일안보조약에서 규정한 기지와는 다른 역할을 기대했기
때문이었다. 즉 핵무기의 반입이나 공격기지로의 사용 등에 대해서 아
무런 제약을 받지 않고 싶어 했기 때문이었다.[18]

미국은 점령 초기에 군정을 실시하였으나, 1950년에 류큐미국민정
청(USCAR)을 설립하여 민정청, 류큐 정부, 고등판무관 세 기관이 중
심이 되는 통치 체제를 수립하였다. 민정청의 주요 기능은 오키나와에
서 미국의 군사정책과 계획을 수행하는 것이었다. 1952년에 조직된 류
큐 정부는 입법, 행정, 사법의 3부로 구성되었으며 행정주석이 정부책
임자가 되었다.[19] 행정주석이 주민 선거에 의해 선출된 것은 1968년의
일이며 이전에는 고등판무관이 행정주석을 임명하였다. 점령군 최고사
령관은 고등판무관으로서 최고 권력을 행사하였으며 류큐 정부의 법규

---

17) 미국의 합동참모부는 처음부터 류큐 열도의 병합과 영구적인 군사기지 설치를 주장
하였으나 국무성은 UN에서의 미국의 위신을 이유로 이에 반대하였다. 결국 타협안
은 평화조약 제3조에 명문화된 것처럼 "신탁통치안이 결정되고 집행될 때까지 미국
이 모든 통치권을 행사할 권한을 보유한다."라고 규정하는 것이었다 조약에는 명문화
되지 않았지만 조약해설문에서 일본은 열도에 대해 '잔여주권'(residual sovereignty)
을 보유한다고 지적하였다. 이는 류큐열도가 궁극적으로 일본에 반환될 것이라는 점
을 함축하는 말로 이해되었다. 김현, "오키나와 미군기지 장기주둔의 기원과 이유: 미
국의 정책결정(1945-1972) 분석," 시민정치학회보 제7권(시민정치학회, 2006), p.98.
18) 임성모, "잠재주권과 재일의 딜레마: 점령 초기 오키나와의 지위와 정체성,"『한일
민족연구』제10권 (한일민족문제학회, 2006), p.175.
19) 그러나 시의회의 경우 1945년 9월 오키나와 군도의 16개 지구에서 일제히 시의회
선거가 실시되었다. 이 선거는 전후 일본이 근대 역사상 최초로 치르게 된 보통선거
였다. 본토에서는 신헌법 제정 뒤인 1948년에 적용된 여성참정권이 오키나와에서는
이미 이때 시행되었다. 미군은 오키나와를 '민주주의의 쇼윈도우'로 보이게 하고 싶
었다. 임성모, 전게문, p.167.

나 재판소의 결정도 거부할 수 있었다.

샌프란시스코 강화조약을 전후한 시기에 오키나와인의 국적법상 지위는 일본인으로서 인정되었지만, 현실적으로 여전히 각종 모순에 봉착하고 있었다. 육지로의 여행에 도항증명서 발급이 요청되었는데 그것은 효과적인 주민 규제 수단이 되었다. 외국 여행의 경우 신분증명서가 발급되었는데 이것은 종종 여권으로서 유효성을 인정받지 못하여 해외에서 문제가 되기도 하였다. 한편 이 시기에 미국은 류큐 정부, 류큐 대학, 류큐 은행 등 '류큐'라는 명칭을 의도적으로 사용하였는데 그것은 오키나와인의 정체성을 강조하고 일본인과의 갈등관계를 자극하여 오키나와의 비일본화를 추진하려는 속셈 때문이었다. 이에 대해 오키나와 사회의 일각에서는 일본으로부터의 독립이나 신탁통치를 지지하는 움직임도 있었으나 본토에서의 오키나와인에 대한 차별 대우로 인하여 동화주의와 일본 복귀론이 더 바람직한 대안으로 점차 대세가 되었다.[20]

미일안보조약에 따라 일본정부는 미군에게 기지 제공을 약속하였으며, 이를 위해 본토에서는 특별법이 제정되어 해당 토지에 대한 강제수용 절차에 착수하였다. 오키나와의 경우, 미군은 처음에 기지를 무상으로 사용하였으나 지주들의 보상 요구가 거세지자 샌프란시스코 조약 직후에 임대료 지불을 결정하였다. 그러나 지주들과의 타협이 원만히 이루어지지 않자 민정청은 1953년 일방적으로 포고령을 발표하고 일방적인 토지 수용을 강행하였다. 문자 그대로 '총칼과 불도저'를 앞세운 토지 수용이 시작되었으며 토지 임대료는 강탈과도 다름없는 수준에서 책정되었다. 토지를 수용당한 주민들은 기지에서 일자리를 구했다.

---

20) 임성모, 전게문, pp.189-196.

1954년 민정청이 일방적으로 결정된 임대료를 10년에 걸쳐 지불하겠다는 발표를 했을 때, 오키나와 주민들은 '토지보호를 위한 4원칙'[21]을 결의하고 대표자를 워싱턴에 파견하여 자신들의 입장을 미국 정부에 전달하였다. 그러나 미국 정부가 아무런 성의 있는 조치를 취하지 않자, 1956년 6월 모든 오키나와의 주민들이 결집하여 범도민적인 토지 투쟁을 전개하였고 이것은 일본 국민들의 동정과 지지를 받았다. 미군 당국은 한편으로 지역사회에 대해 경제적 압력을 가하며 다른 한편으로 임대료를 인상하고 지불 방식을 변경함으로써 사태를 수습하였다. 오키나와 투쟁의 첫 번째 물결로서 인용되는 1956년 6월 사태는 적절한 보상과 생계 보장을 요구하는 경제적, 물질적 투쟁을 기본적인 성격으로 하고 있었다.

2) 1959년 6월 미군 전투기가 이시카와 시 초등학교에 추락하여 17명이 사망하고 121명이 부상당하는 사건이 발생하였다. 이 시기에 이르러 오키나와는 수많은 미군관련 범죄와 사고의 위험에 노출되었지만 미군 당국에 의해 주민들의 인권이 철저히 무시되었다. 처음에 미군을 해방군으로 환영했던 오키나와 주민들은 이제 그들이 새로운 지배자임을 깨닫게 되었으며 반미 감정이 섬 전체에 팽배하게 되었다.

한편 1951년 이후 오키나와의 일본 복귀운동은 계속 기세를 떨치고 있었는데, 1960년에는 교원단체, 청년연합, 공무원노조를 중심으로 '오키나와현조국복귀협의회'가 만들어져 보다 조직적인 대중운동으로 발전하였다.[22] 이들은 먼저 미국의 지배로부터 벗어난 후 미군기지 철

---

21) 구체적인 내용은 다음과 같다. 일괄 지급방식을 거부한다. 적절한 보상을 요구한다. 미군으로 야기된 피해도 보상한다. 더 이상의 토지 수용을 거부한다.

폐운동을 추진한다는 계획을 갖고 있었다. 고등판무관인 캐러웨이 장군이 오키나와의 자치는 환상이라는 발언을 함으로써 오키나와 사회는 크게 분노하였고 시민단체들은 한 마음으로 운동에 매진하였다. 이 운동은 국제 사회의 관심을 끌었으며 본토에서도 이에 동조하는 여론이 형성되었다. 1960년대에 후반에 들어서 일본 복귀 운동 참여자들은 일장기를 흔드는 상징적인 행동을 취하기도 하였다. 1968년에 최초로 실시된 행정주석 선거에서는 오키나와의 무조건적 본토 반환을 주장하는 후보가 당선되었다.

1960년 일본은 미일안보조약의 불평등성을 시정하기 위한 미국과의 협상에 착수하였다. 그러나 오키나와는 최종적으로 미일 공동방위지역에서 제외됨으로써 미국의 자유로운 군사활동을 보장하는 지역으로 남게 되었다. 또한 새로운 미일안보조약에 따라 미군의 치외법권적 지위를 인정하는 미일지위협정이 체결되었다. 1965년 2월 북베트남에 대한 폭격을 단행한 미국이 전면적으로 베트남 전쟁에 개입하자 오키나와는 베트남 전쟁의 최전선 기지가 되었다. 그러나 오키나와는 미일안보조약이 적용되는 지역이 아니었기 때문에 오키나와로부터의 베트남 출격은 사전협의의 대상이 되지 못했다. 베트남 전쟁은 오키나와의 미군기지 반대투쟁을 강화하는 또 하나의 계기가 되었다.

과거 오키나와 문제에 소극적인 태도를 보였던 일본 정부는 1967년 봄 오키나와의 반환을 실현하는 것은 일본외교의 당면과제라고 발표하였다. 정치 대국으로의 위상을 높여 나가고 있던 일본 정부로서는 자국 영토의 일부가 동맹국에게 지배당하고 있다는 것은 불명예스러운 일이

---

22) 이들은 1952년 4월 28일 오키나와가 일본으로부터 분리된 날을 국치일로 규정하고, 매해 오키나와 일본 반환운동 행사를 실시하였다.

었다. 1969년 11월 사토 수상과 닉슨 대통령은 1972년에 오키나와를 일본에 반환하는데 합의하였다. 그 결과 1972년 오키나와는 일본의 시정 영역이 되었고 자위대가 배치되어 미군과 공동으로 방위임무를 맡게 되었다. 1970년에 종료예정이었던 미일안보조약의 재검토 논의에 즈음하여 일본 정부는 미일안보체제의 강화를 재확인 하였다. 결국 오키나와의 본토 반환은 미국의 베트남 정책지지, 미국의 군사비 부담 축소, 동남아 국가에 대한 경제원조 책임 등 미일동맹의 역할 재조정을 전제조건으로 성사된 셈이었다. 또한 미국 정부는 반환의 군사적 조건으로서 오키나와 기지를 한국과 대만을 방어하기 위한 작전기지로서 별 제약없이 활용한다는 것, 동아시아 지역 비상시 핵무기를 배치하고 핵작전을 수행하는 조건을 일본 정부가 수용했기 때문이었다. 미일 양국간의 오키나와 반환 협상과정에서 오키나와 주민들의 입장이 철저히 무시되자 '오키나와현조국복귀협의회'는 협약의 구체적 조건과 관련하여 재협상을 요구하며 대규모적 시위를 벌이기도 하였으나 일본 의회는 협약에 대한 표결을 강행하였다. 1972년 5월 15일 오키나와는 공식적으로 본토에 반환되었으며 대대적인 기념행사가 동경과 오키나와에서 동시에 열렸다. 같은 날 '오키나와현조국복귀협의회'는 반환을 비난하는 성명서를 채택하였다.

4. 본토반환 이후의 시기

1) 1972년에 오키나와가 일본에 복귀하자 '오키나와진흥개발특별조치법'이 제정되어 오키나와 경제를 가능한 한 빨리 전국적인 수준으로 끌어올리기 위한 중앙정부의 지원이 시작되었다. 1972년부터 1977년

까지는 일본정부의 막대한 재정지출과 해양박람회 경기특수에도 불구하고 달러가치 하락과 석유 위기로 인해 오키나와 경제는 활력을 얻지 못했다. 그러나 1977년 이후 오키나와 경제는 점차 회복의 길을 걷게 되었다. 3차례에 걸친 10개년 계획으로 본토와 경제적 격차는 상당히 줄어들었고 현재 70% 수준에 접근하고 있다. 그러나 제조업은 6.5%에 불과하고 실업률은 본토의 두 배에 이른다. 현재 경제학자들은 일본 복귀 이후 미군기지의 오키나와 경제발전 기여 효과가 거의 미미한 것으로 파악하고 있다. 오히려 군기지의 밀집으로 도시계획과 산업발전에 저해요소가 되고 있다. 그러나 미군기지의 존재에 대한 보상조치로서 일본 정부가 제공하고 있는 각종 재정적 지원과 프로젝트들을 감안한다면 어느 정도 물질적 혜택을 보고 있다고 말할 수 있을 것이다. 다만 중앙정부 의존적 심리와 종속적 경제구조로 인해 오키나와의 자립이 요원해지고 환경적 피해가 심각해지는 문제에 직면해 있다.

2) 일본 복귀 후 오키나와에서는 혼돈스런 상황이 전개되었다. 반전지주를 중심으로 미군기지에 반대하는 투쟁이 계속되었지만 과거의 열기는 사라졌다. 군용지 반환을 요구하던 오키나와의 군용지 지주 연합회는 군용지 사용료를 더 올려 달라고 할지언정 토지 반환을 요구하지 않게 되었다. 여론조사에서 미군기지 철폐를 지지하는 의견이 과반수를 차지하지만, 행정당국은 겉으로 기지반대를 외치면서도 기지 경제의 파급효과와 정부로부터의 재정적 지원에 기대를 걸게 되었다.

일본 정부는 오키나와 반환을 계기로 본토 전 지역의 군사기지를 정리하고 통합하고자 하였다. 그리고 오키나와 반환의 대전제는 오키나와에 있는 미군기지의 기능을 조금이라도 손상시켜서는 안 된다는 것

이었다. 그 결과 본토의 미군기지는 3분의 1로 축소되었지만 오키나와
의 미군기지는 거의 줄어들지 않았고, 전국면적의 0.6%에 불과한 오키
나와에 미군기지 시설의 75%가 집중하게 되었다. 2004년 9월 현재 5
만 5천명의 일본주둔 미군병력 중 2만 1천명(대부분은 해병대 신속대
응사단 병력이다)이 오키나와에 배치되어 있다. 한편 미군 지배 당시에
는 미군이 군용지 사용료를 직접 지불하였지만, 반환 이후에는 일본 정
부가 토지를 직접 임대하여 미군에게 제공하는 방식으로 변경되었으며
군용지 사용료도 평균 6배 인상되었다.[23] 또한 일본 정부가 기지 지역
의 주변정리사업 명목으로 제공하는 거액의 보상금은 해당 시정촌의
재정수입에서 큰 비중을 차지하게 되었으며 오키나와 진흥개발계획에
따라 거액의 공공자금이 투입되었다. 그 결과 공공투자에 의존하는 건
설업이 기형적으로 발전하게 되었으며 중앙정부에 대한 경제적 의존도
가 더욱 심화되었다. 이런 상황 속에서도 미군 범죄나 미군기지 관련
사건과 사고가 계속해서 발생하였고 그 때마다 현 의회와 시정촌 의회
는 항의문 낭독을 반복하였으며 시민단체들은 항의운동을 계속하였다.
특히 미군기지 반대투쟁에 중심적 역할을 수행한 것은 반전지주들이었
다. 반전지주란 자신들의 토지를 전쟁 목적에 사용하게 할 수 없다며
일본 정부와의 군용지 임대차 계약을 거부한 사람들이다. 일본 복귀 당
시 3천 명에 이르렀던 반전 지주들은 정부의 다양한 유인책과 방해공
작으로 숫자가 10분의 1로 줄어들었지만 사유재산권 침해 문제를 제기

---

23) 현 혹은 시정촌과 같은 지방자치단체 소유의 공유지의 경우에는 중앙정부로부터
교부금 형식으로 보상을 받는다. 전국 수준에서 볼 때 미군 사용 토지는 73%가 국유
지인 반면, 오키나와에서는 국유지 33%, 현유지 3.6%, 시정촌유지 30.4%, 사유지
32.7%이다. 즉 현유지가 별로 없고 국유지, 시정촌자치단체 소유지, 민유지가 30%
전후로 고르게 제공되고 있다.

하며 법률 투쟁을 계속하였다. 그리고 이들 반전지주들은 1982년 12월에 '1평반전지주운동'을 시작하여 반전지주의 숫자를 다시 3천명으로 늘이는 상징적인 성과를 거두기도 하였다.

1987년 오키나와에서 열릴 전국체전에 천황이 참석한다는 소식을 들은 5개의 노동단체가 중심이 되어 천황의 오키나와 전쟁책임을 묻고 체전의 민주화를 요구하는 노동자궐기대회를 개최하였으며, 전국 체전 개최 당시 소프트볼 대회장에서는 현지 주민이 일장기를 끌어 내리는 사건이 발생하기도 허였다. 1987년 6월 21일에는 2만 5천명이 가데나 기지의 주변 17.5 킬로미터를 완전히 에워싼 '인간 띠 잇기 운동'이 큰 성공을 거둠으로써 반기지투쟁의 지속성을 유지할 수 있었다. 이 운동은 노조대표, 반전지주회, 인권단체 등 반기지 운동가들이 중심이 되어 혁신적 지자체단체장과 일반 시민들의 호응을 이끌어냄으로써 성과를 거두었다.

3) 1995년 9월 세 명의 미군이 초등학교 여학생을 강간한 사건이 발생하였다. 현지 경찰이 용의자의 신병을 요구하였을 때 미군 당국은 미일지위협정을 이유로 들어 이를 거부하였다. 오키나와현과 의회는 미군지위협정을 재검토해줄 것을 건의하였으나 일본 정부는 이러한 요구를 묵살하였다. 다시는 이 같은 사건이 반복되어서는 안 된다고 결심한 소녀 가족의 용기 있는 고발로 인해 오키나와 민중의 분노가 폭발하였다. 강간사건을 규탄하고 미일지위협정의 개정을 요구하는 1995년 10월의 현민 시위에는 8만 5천 명이 참가하였는데 이는 오키나와 반환 이후 최대의 집회였다. 당시 클린턴 미국 대통령의 일본 방문이 예정된 상황이었는데 미일 양국 정부는 냉전의 종식에도 불구하고 미-일 안보

체제의 강화가 절실히 요청된다는 합의를 준비하고 있었다. 그러나 이 사건으로 인하여 미일안보체제를 재검토하여 미군 기지를 정리·축소하고 미일지위협정을 재고해야 한다는 여론이 오키나와뿐만 아니라 본토에서도 형성되기 시작하였다. 때마침 미군기지 강제사용절차를 갱신할 시기가 돌아왔다. 오타 오키나와현 지사(1990-1998)는 과거와 달리 대리서명을 거부하였다. 이에 당황한 일본 정부는 직무집행 명령 소송을 제기하였고 지사가 판결에 따르지 않자 하시모토 수상이 직접 서명을 대행하였다. 또한 최고재판소 대법정은 대리서명 재판에 대한 오키나와현 지사의 상고를 기각하는 판결을 내렸다. 오타 지사의 법적 투쟁 과정에서 오키나와 현 주민들은 1996년 9월 기지정리·축소와 지위협정 재고문제를 놓고 일본 최초의 주민투표를 실시하여 약 60%의 유권자가 투표에 참여하였고 찬성률 89%의 결과를 보여주었다.

이러한 사태에 즈음하여 일본정부는 오키나와 기지 정리·축소와 지위협정 재고를 검토하기 위한 특별위원회(SACO)를 설치한 후 1996년 클린턴 대통령의 방일 직전 중간보고서를 작성하였는데 여기서 후텐마 기지의 전면반환 및 기지 이전을 결정하였다.24) 해병대 헬리콥터 기지인 후텐마 비행장은 일구밀접 지대인 도시 한복판에 위치하고 있어서 사고의 위협이 상존하고 있었으며 오키나와 현은 일찍부터 기지 반환

---

24) 중간보고서에 의하면 후텐마 기지를 포함하여 토지의 전면 반환 및 부분 반환, 훈련장 재조정, SOFA 절차 문제, 소음방지시설 구축, 고속도로에서 실탄사격 훈련 중지, 도로에서 행군 중지, 미군공용차량 표시 부착, 자발적인 차량보험 가입 등의 내용을 포함하였다. 그러나 SACO를 통해 진행된 오키나와 기지조정문제는 현민들의 감정을 무마시키기 위한 미봉책이었으며 궁극적으로는 미일 양국의 거시적인 방위 전략의 틀 속에서 결정되었다. 남창희·이종성, "오키나와 주일미군 기지조정 정책결정 요인에 관한 연구: 미군, 일본정부, 지자체 주민간의 협상과정을 중심으로," 『일본연구논총』제19권(현대일본학회, 2004), p.86.

을 적극 요구하고 있는 상태였다. 오타 지사는 현민 투표 이틀 후 하시모토 수상과 회담을 가진 다음 종전의 입장을 수정하여 협력의사를 밝혔고 일본 정부는 50억 엔의 특별예산을 지원하겠다는 약속을 발표하였다. 일본 정부는 미군기지 면적이 다소 축소되더라도 기지의 기능을 유지하고 강화한다는 정책을 견지하고 있으며 오키나와 주민들의 불만과 저항을 경제적 유인책으로 무마하려 하고 있다. 나고시 인근 해상에 건설 예정인 헤노코 기지는 현지 주민들의 거센 저항으로 아직도 표류를 계속하고 있는 상태인데, 이것이 강행될 경우 네 번째의 오키나와 주민투쟁25)이 예견되고 있다. 그러나 주민들에 의한 시추탐사작업 저지에도 불구하고 이미 기지 건설의 로드맵이 발표되어 내각에서 승인을 받았으며 민간기업과 환경평가 계약이 체결된 상태이다.

한편 오키나와 지방정부는 정부에 대해 미군기지의 정리·축소를 요구하며 '기지반환 행동프로그램'을 발표하였는데, 그것은 2015년까지 모든 기지를 폐지하는 것을 목표로 3단계에 걸쳐 정리·축소 계획을 실천해나간다는 내용으로 되어있다. '기지반환 행동프로그램'은 오키나와 현에 의해 독자적으로 수립되어 중앙정부에 전달되었다. 1997년 이와 동시에 수립된 자유무역지대 계획안은 관세 및 규제 철폐, 노-비자 제도의 도입, 나하 공항의 허브화 등을 골자로 세계도시를 추진한다는 청사진을 내용으로 하고 있으나 오키나와의 분리주의적 경향과 불법이민의 문제를 우려하는 일본 정부, 보호주의를 갈망하는 지역사회의 반대로 무산되었다.

---

25) 아라사키 모리테루에 의하면 전후 오키나와의 미군기지반대 주민투쟁은 세 번의 큰 물결을 기록하였다. 그것들은 1956년의 토지투쟁, 1972년에 목표가 실현된 오키나와 일본 복귀투쟁, 1995년의 여학생 강간사건에 따른 미·일지위협정 재고 투쟁이다.

1998년 선거에서 당선한 이나미네 신임지사(1998-2006)는 오키나와의 정체성을 강조했던 오타 전지사와는 달리 일본 정부의 오키나와 정책에 적극 협력하는 태도를 보여 주었는데, 2000년 7월의 G-8 정상회담 오키나와 유치에 즈음하여 발표된 '오키나와 이니셔티브'[26] 보고서는 오키나와가 지향할 새로운 정책 노선을 분명하게 보여주었다. 두 차례에 걸쳐 발표된 보고서에 따르면 오키나와는 이제 과거의 피해의식에서 벗어나 보다 긍정적으로 미래를 모색할 때라는 전제하에 미군기지유치와 중앙정부의 지원을 통한 오키나와 발전을 역설하고 있다. 그것은 평화절대주의 논리를 비판하고 국가 안보와 경제의 중요성을 강조하며 오키나와가 분리주의적 전통에서 벗어나 일본의 국가발전에 동참해야 한다고 호소하였다. 이 보고서로 인해 촉발된 오키나와 이니셔티브 논쟁에서 반대론자들은 이것이 일본의 신민족주의와 군사주의를 옹호하는 논리임을 비난하면서 오키나와가 경제적인 자립을 추구하고 고유의 발전경로를 모색해야 한다고 주장하였다.

제2기 부시 미행정부가 출범한 이후 미국과 일본정부간에는 2003년 11월 말부터 추진되어온 해외주둔 미군 재배치계획(GDPR)의 일환으로 주일미군 재배치를 위한 협의가 본격적으로 진행되었다. 의제 중에서 가장 중점이 되는 것은 오키나와 미군의 재배치문제이다. 오키나와를 영구적으로 아시아지역 주둔 미군의 허브기지로 삼고자 하는 미국의 입장과 오키나와 현지의 요구와 압력에 직면하여 미군기지의 축소를 주장하는 일본 정부의 입장이 수렴되기 어려운 형편이어서 향후 양국

---

26) 200년 3월 수상 실 산하 21세기 위원회 위원이며 이나미네 지사의 핵심참모인 류큐 대학교 다카라 교수가 주도한 제1차 보고서와 몇 개월 후 교토 대학교 시마다 교수가 주도해 발표한 제2차 보고서는 이나미네 지사가 이끄는 오키나와 지방정부의 새로운 정책방향을 제시하였다.

간 협의는 난항을 거듭할 것으로 예상된다.[27]

II. 한반도와의 관계

역사학자들은 오키나와가 이미 신석기시대 이래 한반도의 영향을 상당히 받아왔다고 말한다. 『새로 쓰는 백제사』[28]를 쓴 이도학 씨는 이곳의 다양한 고고학적 출토유물뿐만 아니라 줄다리기와 같은 풍습까지도 우리와 매우 흡사하여 오키나와가 오랜 기간에 걸쳐 한국 문화의 영향을 받았던 것으로 본다. 여기서 고고학적 출토 유물이란 빗살무늬토기의 영향을 받은 토기를 비롯하여 청동기시대의 석관묘, 오키나와 각지에서 발견되는 상감청자와 고려 광종 때 제작된 구리로 만든 종, 성토에서 출토된 고려의 명문기왓장 등이다. 왕성인 슈리성 정전에 걸어놓은 명문은 "유구는 삼한의 빼어남을 모아 대명을 보차로 삼고 일성(일본)을 순치로 삼는다."라고 명시해 삼한, 곧 한반도를 앞세우고 중국과 일본을 본받는 문화 수용을 내세웠다.[29] 류큐 왕국과의 교류는 이미 백제시대부터 활발했고, 백제는 이곳을 기항지로 삼아 인도차이나 반도로 활동 영역을 넓혀간 것으로 보인다. 조선 초기에 산남왕이 한반도로 망명한

---

27) 김현, "오키나와 미군기지 장기주둔의 기원과 이유: 미국의 정책결정(1945-1972) 분석," 『시민정치학회보』 제7권(시민정치학회, 2006), p.23. 국내의 평화운동가에 의하면 전략적 유연성에 바탕을 둔 주일미군 재편계획은 신속한 북한 공격 준비에 초점이 맞추어져있다고 주장된다. 김승국, "오키나와에 평화를(1))," 평화전문인터넷신문, 『평화만들기』(2006. 2.10).

28) 이도학, 『새로 쓰는 백제사』(푸른역사, 1997).

29) 박기현, "유구 산남왕 온사도: 다시 돌아갈 수 없는 비운의 망명 왕," 『우리 역사를 바꾼 귀화성씨』(역사의 아침, 2007), p.24.

것도 이런 오랜 역사적 관계에 기인한 것으로 해석된다.[30]

조선 세종 때에는 류큐 왕국에서 조선기술자를 초빙하여 병선을 짓게 하였는데 이는 배 만드는 기술을 배우고 양국의 조선술을 비교하기 위해서였다. 조선의 성종은 해인사 팔만대장경의 인쇄본을 류큐 왕국에 선물로 보내기도 하였다. 슈리성 아래 있는 연못가의 한 건물이 대장경을 보관하던 장경판고였다. 예부터 유구국과 한반도가 이렇게 깊은 관계를 맺을 수 있었던 이유는 아마도 양국의 뛰어난 해상운송능력과 해류의 탓이라고 생각된다. 계절풍을 타고 동남아로 내려가면 크게 힘들이지 않고 류큐에 도착할 수 있고, 난파당하거나 조난당한 조선인들이 유구에 많이 표착한 사실이 이를 입증한다. 게다가 뛰어난 해상왕국이었던 백재와 고려가 인도차이나반도 항해의 출발점이 될 류큐 왕국에 주목을 한 것은 당연한 이치였을 것이다.[31]

한반도와 류큐 왕국와의 구체적인 접촉이 기록상으로 나타나는 것은 고려 말 창왕 때이다. 『고려사』에 따르면 1389년 8월 류큐 국왕은 특사를 보내어 왜구에 피랍되었던 조선인을 송환하고 방물을 바쳤으며 고려에서는 이들을 후하게 접대하고 예물을 주어 돌려보냈다. 이렇게 시작된 류큐와의 관계는 조선의 건국 후에도 계속되었다. 『조선왕조실록』에 따르면 양국의 관계는 건국 직후인 1392년(태조 원년) 8월에 류큐국 중산왕이 사신을 보내 내조했다는 기록으로부터 1840년(헌종 6년) 3월에 조선인이 류큐에 표착했다는 기록까지 총 437건이 수록되어 있으며, 그 외에 류큐 측의 사료까지 참고한다면 조선시대 거의 전 기

---

30) 조선왕조실록에 의하면 1398년 태조 7년에 진주에 우거하고 있던 유구국 산남왕 온사도에게 의복과 양식을 주었다고 기술하고 있다. 중산왕과의 정치투쟁에서 패배한 온사도는 1394년에 측근 15인을 거느리고 조선으로 망명하였다.

31) 박기현, 전계문, p.25.

간에 걸쳐 여러 가지 형태의 관계가 이루어지고 있음을 알 수 있다.

『조선왕조실록』의 관계 기록을 분석한 논문에 따르면 양국간 교류관계의 특징은 다음과 같다.[32] 첫째, 류큐 사신의 조선방문은 40회인데 조선 사신의 류큐 방문은 3회로 대부분의 사신왕래는 류큐에서 조선을 찾은 경우였다. 조선에 온 류큐 사신들은 조선 정부로부터 융숭한 접대를 받았는데 점차 가짜 사신이 출현함으로써 양국간 교류에 심각한 문제가 초래하기도 하였다. 둘째, 초기의 교류는 왜구에게 피납된 조선인 송환을 명분으로 시작되었으나 세조 이후부터는 표류민 송환이 관계 유지의 주요한 사유가 되었다. 이 과정에서 교역이 이루어졌으며 조선은 류큐로부터 남방산 물자를 수입하고 류큐는 중계무역자로서 역할을 수행하였다. 실록에 류큐의 사정을 소상히 기록한 것으로 보아 조선은 류큐에 대한 정보를 어느 정도 확보하고 있던 것 같다. 셋째, 류큐와의 관계를 다룬 기사 속에는 종종 중국 및 일본에 대한 내용도 포함되어 있는데 그것들을 통해 당시 동아시아 국제질서의 편린을 엿볼 수 있다. 대체적으로 조선과 류큐는 명나라 중심의 책봉체제 하에서 대등한 관계로 교류에 임했으며[33] 일본을 공동의 적으로 경계하고 있었다.

이를 시기별로 정리하면 다음과 같다. 조선 초기(1392-1524)에는 정식으로 사신을 파견하는 직접교린이 이루어졌으며 물자교류와 무역행위가 병행되었다. 최초의 교류는 조선보다 20년 먼저 명으로부터 책봉을 받은 류큐 왕국 중산왕이 조선에 사신을 보내 책봉국가간 교린을 자청함으로써 시작되었다. 중산왕은 서신을 통해 '서로 소식을 전하고 사

---

32) 이하 손승철, "朝 · 琉 교린체제의 구조와 특징," 『강원사학』제13 · 14집(1998. 11)의 요약이다.

33) 양국간의 외교문서는 국왕 대 국왕의 양식을 취했다. 손승철, 상게문, p.19.

해가 한 집이 될 것을 기원하며' 예물을 보내고 피납된 조선인을 송환
하였다. 이후 조선은 류큐 사신을 일본국 왕사와 동등한 신분으로 접대
하였다. 양국의 교류과정에 대마도가 개입하여 조선을 왕복하는 류큐
선박을 중간에서 납포하는 사례가 가끔 발생하기도 하였다. 조선 중기
(1530-1638)에는 북경을 경유하여 양국의 사절단이 접촉하는 간접교
린체계가 이루어졌는데, 제주도에 표착한 류큐인을 송환하면서 명으로
떠나는 사신 편에 북경을 경유하여 귀환시킨 것이 계기가 되었다. 북경
을 경유하게 된 연유에 대해서는 여러 가지 설명이 있는데, 대마도와
왜구가 중간에서 훼방을 놓았기 때문이라는 것 외에도 명나라가 주변
국가 상호간의 직접적인 접촉보다는 명에 의해 주도되는 동아시아 국
제질서를 원했기 때문인 것으로 보여진다.[34] 특히 임란 이후에는 양국
이 서로 명의 책봉국가임을 강조하며 일본에 대해 공동전선을 펼치고
우호교린 할 것을 다짐하였다. 조선과 류큐의 공식적인 외교관계는
1638년을 마지막으로 하여 단절된다. 명나라가 청의 침입을 받고 항복
을 함으로써 기존의 3각관계가 해소되었기 때문이다. 조선 후기(1662
-1868)에는 양국이 공식적인 접촉 없이 표류민 송환만을 행했다. 간
헐적으로 행해진 표류민 송환은 대부분의 경우 복건(福建)을 통해서 이
루어졌다. 이 시기에 와서 양국간에 공식적 교류관계가 지속되지 않은
이유는 류큐 왕국이 막부에 복속되었다는 사실을 조선이 알게 되었으
며, 조선 정부는 청에 의한 책봉에 대해서 별다른 의미를 부여하지 않
는 새로운 대외정책을 추구했기 때문이었다.[35]

　흥미 있는 기록 중의 하나는 제주도 출신 김비을개(金非乙介) 일행의

---

34) 손승철, 상게문, p.28.
35) 손승철, 상게문, p.32.

야에야마(八重山) 제도[36] 표류기이다. 이 기록은 1477년 제주도에서
육지로 가던 중 남해안에서 표류하여 야에야마 제도 표착한 후 어부의
도움으로 겨우 목숨을 건진 일행이 주변 섬을 전전하다 류큐 본도에 도
착하여 2년 만에 생환하게 되는 현장감 넘치는 체험기록이다. 이들이
행적에 대해 큰 흥미를 보였던 성종의 특별한 어명으로 표류일기가 작
성되었다. 김비을개 일행이 복잡한 경로를 거쳐 류큐 왕의 도움으로 살
아 돌아 올 수 있었던 것은 당시 조선의 표류인들이 무역상들에게 현상
금이 나붙을 정도로 관심의 대상이었으며 나름대로 그들의 이권과 연
결됐기 때문이었다. 즉 막대한 중계이익을 챙길 수 있는 조선과의 교역
을 위해서는 조선정부가 발행하는 교역허가증이 있어야 하는데 조선
표류인을 데려갈 경우 융숭한 대접과 함께 교역상의 각종 특전을 받을
수 있었다. 이런 이유로 인하여 오키나와 본도에서 1000리 이상 떨어
진 외딴 작은 섬들의 주민들까지 류큐 왕국을 거쳐 본국으로 돌아가는
조선인 표류자들의 항해 경로를 잘 알고 있었다.[37]

III. 오키나와의 평화의제

1. 평화담론의 성격과 구조

오키나와의 평화 담론은 1960년대 초 오키나와를 평화의 초석으로

---

36) 허균의 홍길동은 실존인물이며 일본의 역사 교과서에 소개되는 오키나와 남서부 야
   에야마 제도 민란의 주인공이며 민중 영웅인 적봉(赤蜂) 홍가와라와 동일한 인물임을
   주장하는 학설이 있다. 설성경, 『홍길동전의 비밀』(서울대학교출판부, 2004) 참조.
37) 양권승, "실존인물 홍길동연구의 현황."『홍길동국제학술세미나 자료집』(장성,
   1998), pp.41-43.

재건하자는 논의가 있은 후 1995년 종전 50주년 기념행사에 이르러 절정에 도달했으며, 이 과정에서 특히 오타 지사가 큰 역할을 하였다. 사회학자 이시하라 마사이에에 따르면 전쟁의 기억과 이상화된 류큐의 역사는 오키나와 평화철학의 두 기둥이 된다.[38]

　오키나와 평화 담론의 구조를 간략하게 살펴보면 다음과 같다. 오키나와는 본래 류큐왕국 시절 특유의 평화문화를 자랑하던 이상적인 사회였다. 그러나 일본에 의한 침략과 강제합병 이후 자신의 정체성을 상실하고 차별과 억압의 고통을 겪어왔다. 특히 제2차 세계대전 당시 오키나와 전투에서는 주민의 3분의 1이 희생되었으며 제국의 군대에 의해 인권을 유린당하고 심지어 집단자살을 강요당하기도 하는 비극을 겪었다. 종전 후에도 미국에 의한 새로운 지배가 시작된 결과, 미일안보조약에 따른 미군기지 유치로 전쟁의 악몽이 계속되었다. 따라서 오키나와 사회는 한편으로 지난 전쟁에 대한 올바른 역사적 이해와 교훈을 통해, 다른 한편으로 현존하는 미군기지의 정리 및 축소를 통해 전쟁의 재발을 방지하고 반군사주의 문화를 보급하며 인권의 존엄성을 실현하는데 앞장서려 하고 있다. 오키나와는 고유한 평화문화의 전통과 반군사주의 운동의 성과를 바탕으로 일본과 아시아를 연결하는 교량역할을 수행할 것이며 궁극적으로 동아시아의 평화 실현에 기여하려 하고 있다.

　오키나와의 평화담론은 공적 영역의 그것과 시민사회의 그것 사이에 지향점의 차이가 존재한다. 전자는 실용적인 차원에서 미군기지 문제

---

38) Gerald Figal, "Waging Peace on Okinawa," Laura Hein & Mark Selden (ed.), *Islands of Discontent* (Lanham: Rowman & Littlefield Publishers, INC., 2003), p.69.

해결을 모색하며 국제교류 및 협력이라는 대외지향적인 태도를 견지한다. 가령 오키나와 평화상이나 「오키나와 평화협력센터」(OPAC)의 활동 등은 이런 맥락에서 이해될 수 있다. 후자는 미군기지 완전철수와 오키나와의 역사성 회복을 목표로 인권과 평화, 오키나와인의 지위 향상에 주력한다. 「오키나와 평화네트워크」의 경우가 대표적인 사례이다.

1995년 나하시는 평화의 초석 건립 기념행사를 계기로 히로시마 및 나가사키와 '평화의 삼각형' 선언을 하였으며 얼마 후 아키히토 천황이 세 도시를 연속적으로 방문하며 이러한 관계를 추인하였다. 세 지역 모두 일본의 대표적인 평화도시로서 '평화의 불꽃'을 자랑하는 곳이다. 그 결과 전적지 방문, 청소년 평화포럼, 대학생 평화캠퍼스, 역사해설자 회합 등 상호교류 사업이 추진되었다. 그러나 오키나와 내부적으로 곧 문제가 제기되었으며 히로시마-나가사키화 및 야스쿠니화에 대한 우려가 표명되었다. 전자는 대형 여행사 위주로 진행되는 피상적이며 상업적인 역사 기행의 풍조를 말하며 후자는 전쟁사망자의 신격화 경향을 의미한다.39) 히로시마 방식의 평화담론은 비록 의도한 것은 아니지만 일부 일본 우익 세력의 지지를 받게 되었다. 그것은 전쟁의 피해만을 강조하고 침략의 역사와 전쟁의 책임에 대해 침묵하기 때문이다. 따라서 오키나와에서는 본토의 평화 담론과 거리를 유지하려는 의식적인 노력이 행해지고 있다.

오키나와 평화담론의 구조에 따라 평화의제의 전개과정을 전통적인 평화문화, 전후의 평화운동, 평화담론의 방향전환 순으로 간략하게 살펴본다.

---

39) 상게서, p.73.

2. 오키나와의 평화문화

오키나와의 평화정신은 14세기부터 16세기까지 이른바 류큐 왕국 '교역의 황금시대'에 배양되었다. 이 당시 왕국의 시민들은 무기를 휴대하지 않고 선한 마음과 훌륭한 몸가짐에만 의존한 채 해외 지역을 순례하였으며, 동남아시아의 여러 민족과 평화로운 관계를 유지하였다. 평화기념자료관의 안내문은 이러한 오키나와의 정신을 '인간의 생명에 대한 경외심, 전쟁 관련 행위를 무조건적으로 거부하는 전통, 평화의 추구, 인간성의 발로인 문화에 대한 사랑'으로 설명하고 있다. 옥스포드 대학교 인류학교수인 제임스 로버슨(James Roberson)은 오키나와가 역사적으로 강력한 외세에 둘러싸인 상태에서도 타민족과 구별되는 독자적인 미덕을 보유하고 있었다고 말한다. 이들 미덕 중 하나는 친절함과 평화로움이며 다른 하나는 문화적인 다양성과 관용성이다. 그는 이러한 미덕의 근원이 아시아 해상무역의 요충지로서 빈번하게 이루어진 국제적 교류와 방문에서 기인했다고 말한다.[40]

오키나와 현의 공식적 평화선언문 역시 "오키나와의 정신(혹은 마음)"을 구호로 강조하고 있는데, 이는 만국의 교량 역할을 했던 류큐 왕국의 국제주의적 전통과 관용 및 다양성을 강조하는 오키나와인의 열린 심성을 의미한다고 말하고 있다.[41] 2006년의 오키나와 평화선언은 다음과 같이 말한다.

---

40) 상계서, p.10.

41) 그러나 혹자는 이것이 너무 미화되었으며 류큐 왕국내부에서 벌어진 권력 투쟁과 같은 문제들을 외면하고 있다고 말한다. 또한 아마미 제도 출신 노동자에 대한 차별 대우 등 오키나와인의 이중 잣대를 문제 삼을 수도 있다. 임성모, 전게문, p.199.

"오키나와는 류큐 왕국시대에 외교활동을 통해 오래 동안 평화를 유지했던 역사가 있으며 또한 다양성을 수용하는 관용과 상호부조의 정신풍토가 있다. 이와 같은 특성을 살려 평화를 사랑하는 오키나와의 마음을 세계에 알리기 위하여 오키나와 현은 금년 제3회 오키나와 평화상을 시상한다."

오키나와의 미군기지 반대운동은 '양키 고 홈'의 구호를 사용하지 않는다. 한국의 학자와 인터뷰를 했던 어느 평화운동가는 후텐마 기지 이전 문제로 미국의 관리가 현청을 방문했을 대 '양키 고 홈'을 외친 것을 후일 부끄러워하였다. 오키나와에는 왜 '양키 고 홈'의 구호가 없는가? 그것은 미국에도 훌륭한 문화가 있고 평화를 사랑하는 사람들이 있는데 미국인 전체를 부정하는 표현을 사용하는 것은 옳지 않다는 인식 때문이다. 미군 중에도 양심적인 사람이 있다는 생각이다. 오키나와의 평화운동가들은 이러한 사고의 배경을 류큐 왕국 때부터 있어온 "외부에서 온 손님을 기꺼이 환영한다."라는 칸카이몽(歡喜門)의 전통, 오키나와의 비폭력 평화주의로 설명한다.[42] 1954년 미군의 강제토지수용에 항의했던 이에지마 섬 주민들의 결식투쟁은 오키나와 특유의 비폭력주의 문화를 보여준다. 생활수단을 박탈당한 이에지마의 농민들은 류큐 정부 청사 앞에서 농성을 시작하는데 이후 그들의 투쟁은 일련의 행동규칙(반미적이 되지 말 것, 미군에게 화를 내거나 욕하지 말 것, 올바른 행동을 할 것, 거짓말을 하지 말 것, 낫이나 나무토막 등을 손에 쥐지 말 것, 귀보다 더 높이 손을 올리지 말 것, 큰 소리를 내지 말고 조용히 말할 것 등)을 준수하였다.[43]

---

42) 정유진, "오키나와에는 왜 '양키 고 홈'의 구호가 없을까?"『당대비평』통권 제10호 (생각의 나무, 2001), pp.127-128.

43) Miyume Tanji, *Myth, Protest and Struggle in Okinawa* (London and New

오키나와 정신의 물리적인 상징은 1427년에 건립된 슈리성이다. 본
래 왕실 거주지이며 정부 청사와 종교적 의례의 장소로서 건설되었으
나, 일본과의 합병 후 파견부대의 본부와 막사, 제32주둔군 사령부, 전
후에는 류큐 대학 캠퍼스 등으로 사용되었다. 1999년 보수가 완료된
슈리성은 유네스코 세계문화유산에 등록되었다.

3. 오키나와의 평화운동

1) 오키나와 전투의 역사해석

제2차 세계대전 종료 후 일본의 평화운동은 전시에 자행된 일본군의
잔혹 행위를 외면하고 화해와 용서를 강조하며 피해의식을 표출하는
연막전술적인 일면을 보여 주었다. 그러나 오키나와의 평화운동은 피
해자의 증언과 수집된 일차 자료들을 통해 전시의 일본 민족주의를 비
판하는 상반된 경향을 보여주었다. 오키나와 주민들의 전쟁 경험에 대
한 집단적 기억은 일체의 전쟁 관련 행위를 혐오하는 절대적 평화주의
(absolute pacifism) 전통을 창조하였다.44) 피갈(Figal)에 의하면 오
키나와의 담론에서 오키나와 전투의 소재는 화자의 의도와 무관하게
평화의 정치학 속으로 진입함을 의미한다. 그것은 또한 개인의 이념을
뛰어넘어 미군기지의 문제를 제기한다. 따라서 아라사키 모리테루는
오키나와 전투 현장 방문이 군사기지 반대투쟁과 접목된다고 주장한
다. 공유된 집단적 기억과 비판의식이 오키나와 평화운동의 원동력을
제공해왔다. 1990년대에 들어 오키나와 전투의 상흔과 교훈을 평화의

York; Routledge, 2006), pp.67-68.
44) 상게서, p.42.

이념으로 승화시키려 노력했던 대표적인 주인공은 역사학 교수 출신인 오타 지사와 시민운동단체인 「오키나와 평화네트워크」이다. 미군기지 문제를 외면하고 지역개발에만 주력했던 전임자 니시메 지사(1978-1990)와 달리, 19세 나이로 미군 상륙 직전에 징집되어 오키나와 전투에 참여했던 오타 지사(1990-1998)는 전쟁의 참상을 직접 체험함으로써 이후 왜곡된 전쟁의 역사를 바로 잡기 위한 투쟁의 선봉에 섰으며 부활하는 일본 민족주의에 맞서 대결하였다.

1960년대에 들어 일본이 자존심을 회복하면서 제2차 세계대전에서 사망한 군인들을 추모하는 애국적 기념비들이 우후죽순처럼 등장하게 되었다. 오키나와의 경우 최후의 격전지였던 마부니 언덕에 국립묘지가 조성되었으며, 언덕 한 모퉁이에는 수비대 사령관이었던 우시지마 중장을 추모하는 기념탑이 건립되었는데 "영웅적인 투쟁, 이제 안식을 찾다."라는 비문이 새겨짐으로써 이른바 비문논쟁이 야기되기도 하였다. 1975년과 1978년에는 평화기념자료관과 평화 기념비가 건립되었는데 그것들은 대체적으로 일본정부의 군국주의적 역사인식을 반영하고 있었기 때문에 주민들의 반발을 샀다. 또한 1982년에는 한 역사학자가 일본 문부성이 역사교과서를 검열하고 수정하는 과정에서 오키나와 전투를 왜곡하고 있다고 문제를 제기하고 이에 대해 법적인 투쟁을 시도함으로써 교과서 논쟁이 벌어지기도 하였다.[45] 이에 따라 일부 정치인과 시민들 사이에서 일본 군대의 잔인성을 폭로하는 묘사를 마조

---

45) 문부성은 이에나가 사부로의 역사 교과서가 오키나와 전투를 설명함에 있어서 강요된 자결이나 학살 등 민간인 피해를 지나치게 과장하였다고 지적하며 삭제를 지시하였다. 세 차례에 걸친 소송 결과, 대법원은 최종적으로 국가 검열의 합헌성을 인정하는 판결을 내렸다. Miyume Tanji, *Myth, Protest and Struggle in Okinawa*, pp.44, 45, 187.

키즘적이라고 비판하며 보다 긍정적이고 부드럽게 오키나와 역사를 묘사해야 한다는 수정주의 사관을 고개를 들기 시작하였다.

이러한 새로운 분위기에 대한 오타 지사의 저항은 종전 50주년 기념일인 1995년 6월 23일에 건립된 '평화의 초석'을 통해서 이루어졌다. '평화의 초석'은 국적을 초월하여 희생자를 추모함으로써 편협된 민족주의의 한계를 뛰어넘으려는 의지를 보여주었으며 초석에는 일본식 연호 대신 '서기 1995년 6월 23일'로 표기하고 기념식 거행 과정에서 일본 국가 연주를 거부함으로써 일본 민족주의에 대해 상징적인 저항을 시도하였다. 오타의 평화촉진 정책은 또한 군국주의적 잔재가 남아있는 기존의 평화기념자료관의 이전을 결정하면서 계속되었다. 그는 오키나와 전투의 진실을 보여주는 것이야 말로 새로운 기념관의 정신이라고 말하며 만주사변에서부터 시작되는 침략의 역사와 전후 미군점령의 문제를 기념관이 사실 그대로 전달해야 한다고 주장하였다. 그러나 그는 1998년 선거에서 정부의 지원을 받는 도전자에 밀려 낙선하였다.

1998년 11월 새로운 지사로 당선된 이나미네는 최초의 조심스런 처신과 달리 오키나와가 반일본적 태도를 취해서는 안 된다는 철학을 강조하며 오키나와 전투의 역사 연구를 담당하게 될 「국제평화연구소」 설립 안을 철회하고 2000년 새로 개소하게 될 오키나와 평화 기념관 전시내용물을 변경하도록 지시함으로써 큰 논란을 야기하였다. 전시물의 변경내용은 오키나와 전투뿐만 아니라 남경학살이나 한국인 위안부 문제, 전후 미군점령 시기하의 미군 관련 범죄 등을 포함하였다. 「오키나와 평화네트워크」가 이 문제를 공론화하였고 지역 언론이 여기에 가세함으로써 논쟁은 비화되었다. 결국 부지사가 이 문제에 대해 사과를 하고 시정 조치가 뒤따랐지만 이 과정에서 타협이 이루어짐으로써 많은 사람들에게 실망을 안겨주었다. 가령 주민들을 위협하는 병사의 총구 방향은 허공을 향하도록 변경되었고, 부상병에게 독약을 주입하는 장면은 구석으로 이동되었다. 이나미네 지사는 역사의 해석이 본질적으로 상대적일 수 있다는 주장을 하며 이 문제를 넘어가려 하였다. 이 사건은 오키나와 사회가 본토의 민족주의를 제압한 드문 사례 중의 하나로 평가되었다.[46]

한편 1994년에 설립된 「오키나와 피스네트워크」는 전쟁의 희생을 자발적인 죽음으로 미화하지 않는다는 최소한의 준칙만을 견지하는 이질적 구성요소들 간의 느슨한 연합으로서, 전쟁의 기억과 교훈을 보존하는 자원봉사 평화가이드를 주도하여 오키나와 평화교육의 새로운 지평을 개척하였다. 상업여행사에 의해 진행된 이전의 오키나와의 버스투어는 대개 오키나와의 전투의 참상을 보여주는 전적지 방문을 생략하고 위락 시설 일변도의 코스를 선호하였다. 그것은 제32군 사령부와 히메유리 간호원 기념비, 지휘부의 자결장소 등을 주로 견학한 후 오키나와가 일본의 하와이임을 강조하면서 리조트 코스로 발길을 돌리곤 하였다. 이에 맞서 오키나와 사회는 「오키나와 피스네트워크」를 중심으로 오키나와 주민들의 피난처와 평화기념자료관 등을 중심으로 미군기지 견학까지를 포함하는 평화교육 관광 코스를 자체적으로 개발하였다. 이미 1987년에 「피스 가이드 연합」을 결성하였던 주인공인 무라카미는 아라사키 모리테루 등과 협력하여 오키나와 투어 지침서를 제작한 바 있었다. 1987년에 만들어지고 1997년 「오키나와 피스네트워크」

---

46) Julia Yonetani, "Contested Memories: Struggles over war and Peace in Contemporary Okinawa," in Glenn D. Hook and Richard Siddle (ed.), *Japan and Okinawa: Structure and Subjectivity* (London and New York: RoutledgeCurzon, 2003), p.202.

에 의해 개정된 가이드북은 방문지의 지도, 사진, 개념, 수송, 시간 배정까지 해설하고 있으며, 민간인 피난처, 히메유리, 비문 탐구, 핵기지, 통신기지, 반전지주운동 등 7개의 주제를 갖고 3일 코스와 반일 코스 평화 투어를 운영하고 있다. 2001년에는 「오키나와 피스네트워크」를 포함하여 9개 자원봉사 단체가 참여하였으며 상업관광회사 역시 이 프로젝트에 동참하였다. 오키나와에 대한 일본 사회의 관심 증대와 오키나와의 평화촉진 노력, 본토 진보적 교사들의 협조에 힘입어 참여 학교와 학생 수가 급증하고 있다. 현재 이들은 정부의 역사왜곡과 여행자들의 무관심을 극복하기 위해 전쟁의 교훈뿐만 아니라 오키나와 특유의 문화 및 자연을 함께 소개하는 새로운 프로그램을 개발하고 있다.

2000년 6월에 거행된 평화의 초석 기념식 행사는 미군 사령관을 초청하고 모리수상이 일장기 앞에서 연설함으로써 초석의 본래적 의미가 퇴색되었는데 오키나와의 대표적 문인인 메도루마는 이 장소가 야스쿠니화되고 있다고 개탄하였다. 메도루마의 비난에도 불구하고 2000년 7월 클린턴은 평화의 초석 앞에서 "전쟁의 시대가 끝나고 평화의 시대가 멀지않았다."라는 마지막 류큐 국왕의 시를 인용하며 미군의 역할과 평화를 강조하였다.47) 이제 오키나와 전투의 평화담론은 절대적인 신성함을 상당부분 상실하고 있다.

2) 미군기지 반대운동

오키나와 전투의 집단적 기억 외에 오키나와의 평화절대주의를 자극

---

47) Glenn D. Hook and Richard Siddle (ed.), *Japan and Okinawa: Structure and Subjectivity* (London and New York: RoutledgeCurzon, 2003), p.203.

하는 또 하나 계기는 미군기지 반대운동이다. 오키나와의 미군기지 반
대운동은 최초에 재산권 투쟁 혹은 생존권 투쟁으로부터 시작되었다.
그러나 반전지주운동의 출현이후 그것은 반전운동의 지평을 확보하게
되었다. 물론 반전지주운동이나 군사기지 반대운동은 순수한 의미의
반전운동 외에도 반미주의나 혹은 진보적 이데올로기의 정치적 맥락을
동시에 내포하고 있으며 양자를 명확하게 구별하기가 쉽지 않다. 특히
1960년대에 들어 미군이 베트남 전쟁에 개입하면서 미군기지 반대운동
은 반전의 이념을 다시 한번 강조하게 되었으며 그 연장선상에서 미일
안보조약의 개정을 요구하였다. 「오키나와 피스 네트워크」는 테러와
의 전쟁 이후 더욱 강화되고 있는 미일안보체제에 대해 우려감을 표명
한 후 무력을 강화하며 평화를 운위한다는 것은 모순이라고 비난하였
다. 미군기지 반대운동의 또 다른 초점은 인권이다. 미군의 오키나와
점령 이후 발생한 수많은 미군관련 범죄와 각종 사고로 인해 오키나와
주민들은 심각한 고통과 피해를 입었으며 미일지위협정에 따른 치외법
권의 존재 때문에 차별적인 대우를 받을 수밖에 없었다. 특히 1995년
발생한 초등학생 강간사건은 미군철수를 요구하는 범도민적인 저항을
야기하였으며 그 결과 적어도 외형상으로는 미군기지 축소 정리의 한
전기가 마련되었다. 그러나 이러한 저항의 물결 속에서도 전선은 내부
적인 분열의 양상을 보여준다. 자민당소속 정치인들과 다수의 지주 및
상공인들은 오키나와 경제의 본질적 한계를 거론하며 기지경제와 보상
경제의 역할을 긍정적으로 평가한다. 그들은 군사기지의 폐해를 최소
화하는 선에서 문제를 해결하고 오히려 군사기지의 존재를 지역발전의
전략으로 수용하려한다. 그 결과 1996년의 현민 투표에서는 투표자의
89%가 기지축소와 SOFA개정을 지지하였으나, 1997년 후텐마 기지이

전과 관련하여 실시된 나고시의 주민투표에서는 투표자의 53.8%만이 헬기기지 건설에 반대하였다.[48] 더구나 나고 시장과 시의회 양자 모두 조건부이기는 하지만 헬기기지 건설에 찬성하였다. 또한 2000년에 발표된 '오키나와 이니셔티브'의 제안은 미군기지의 존재를 국가안보와 지역경제발전의 관점에서 정당화하는 오키나와 지방정부의 결의를 보여줌으로써 본토의 우익 신문들에게 감명을 주며 오키나와 사회의 내부적인 혼란을 야기하기도 하였다. 오키나와 이니셔티브를 총괄 지휘한 이나미네 지사는 2002년에 재선되었으며, 2006년 11월에 실시된 오키나와 현지사 선거에서도 정부계획을 지지하는 나카이마 후보가 당선되었다. 2006년 1월에 실시된 나고시 시장선거에서도 헤노코 기지 건설을 찬성하는 후보가 당선되었다. 그러나 후텐마 기지가 위치해 있는 기노완 시에서는 평화운동가 출신인 시장이 반기지 평화행정에 앞장섬으로써 지방정부와 시민사회의 거버넌스(governance)가 이루어지고 있다. 오키나와 전투에 대한 역사 해석에 이견이 존재하는 것 이상으로 미군기지의 역할에 대한 주민 상호간의 인식차이는 심각한 수준에 이르렀다고 말할 수 있다. 따라서 절대적 평화를 지향하는 오키나와의 투쟁은 범도민적 통일전선을 형성하고 있다고 말하기 어려운 상황이다.

한편 미군기지 반대투쟁은 점차 운동의 외연을 확대시켜 환경운동, 여성운동 등 이른바 신사회운동(new social movement)의 양상을 보

---

48) 주민투표는 기지건설을 반대하는 21개 시민단체에 의해서 추진되었다. 헤노코 기지를 찬성하는 단체 들 역시 가가호호를 방문하며 기지건설을 찬성하는 서명운동을 벌였다. 아라사키 모리테루에 의하면 정부의 회유책으로 인하여 민중의 승리는 지역사회에 균열과 대립을 남긴 망신창이의 승리가 되었다. 아라사키 모리테루, "오키나와에 평화를(3)," 평화전문인터넷신문, 『평화만들기』(2006. 2.10).

임으로써 투쟁의 초점이 희석되는 경향도 있지만 반대로 생명력을 강
화하고 있다는 양면적 평가를 받고 있다.[49] 시라호의 공군기지 반대운
동은 산호초 및 희귀 생물자원 보호를 앞세워 국제적인 연대를 구축하
였으며, 헤노코의 기지건설 반대 투쟁 역시 해상 포유류인 두공(dugon)
보호운동을 전개하며 류큐 열도의 자연 환경을 유네스코 세계자연유산
으로 인정받기를 기대하고 있다. 군사기지와 성폭력의 문제를 남성위
주의 사회가 초래한 부산물로 보는 페미니즘 운동은 매춘 여성의 인권
까지를 문제 삼은 반면, 가정과 여성의 순결을 강조하는 보수적인 여성
운동은 상반된 입장을 취했다. 그러나 이들 모든 주체는 '우나이 연대'
방식을 통해 하나의 운동으로 통합되었다.[50]

4. 평화담론의 방향전환

2002년은 오키나와의 평화담론에 변화가 일기 시작했음을 보여준
해였다. 이 해에 제1회 오키나와 평화상 수상식이 있었고 비영리법인
인 「오키나와 평화협력센터」(OPAC)가 출범하였는데 양자는 오키나와
사회가 오키나와 전투와 미군기지라는 전통적인 주제에 추가하여 인도
주의적 구호활동이나 대외교류협력사업과 같은 국제주의적 영역을 오
키나와 평화의 의제로 설정하였음을 보여주었다. 아시아와 일본 사이

---

49) Miyume Tanji, *Myth, Protest and Struggle in Okinawa*, p.180.

50) 우나이는 오키나와 말로 여형제를 말하는데, 가정에서는 형제들을 수호하는 신이며
공동체적으로는 오키나와 사회를 주관하는 여신을 의미한다. '우나이 연대'란 참여
주체의 입장이나 주의에 관계없이 자유로운 동참을 허용하여 다양한 시각을 포용하는
운동 방식을 말한다. 이 표현은 오키나와 방송국이 12시간동안 라디오 전파를 모든
여성들에게 개방하는 우나이 페스티발에서 유래하였다. 문소정, "오키나와 반기지투
쟁과 여성평화운동," 한국사회사학회, 『사회와 역사』제69집(2006), pp.174-175.

에서 가교역할을 자임하는 오키나와 지방정부의 발전전략에 따라 오키나와의 평화담론은 내부 문제의 해결을 뛰어넘어 국제사회로 눈을 돌리는 새로운 평화주의 철학을 선언하게 된 것이다. 향후 오키나와의 평화담론은 시민사회가 주도하는 전통적인 평화 의제와 지방정부가 추진하는 국제주의적 평화의제가 병행하는 양상을 보여줄 것으로 예상된다.

1) 오키나와 지방정부의 평화정책[51]

오키나와현의 평화정책을 담당하고 있는 오키나와현 문화환경부 평화·남녀공동참획과의 2006년 12월 자료에 의하면 오키나와 지방정부의 평화사업은 다음과 같은 내용들을 포함한다. 첫째, 평화 기초사업으로서 '평화의 초석' 관련 사업이다. 이것은 오키나와 고유의 평화정신을 국내외에 전파하고 오키나와 전투에서 희생된 모든 사람들을 추모하기 위해서 사망자의 명단을 비석에 각인하는 사업이다. 이 사업을 통해 전몰자 추도 및 평화의 기원, 전쟁체험의 교훈 계승, 평화학습의 장소 제공 등 효과를 기대한다. 둘째, 오키나와 평화상사업이다. 이에 대해서는 후술한다. 셋째, 평화기원자료관 사업이다. 오키나와 전투의 역사적 교훈을 올바르게 차세대에게 전달하고 오키나와의 마음을 전 세계인에게 전달하여 항구적 세계 평화에 기여하기 위해 평화기원자료관을 설립 운영한다. 오키나와의 마음이란 인간의 존엄을 강조하고 전쟁과 관련된 일체의 행위를 부정하며 평화를 기원하고 문화를 사랑하는 마음을 말한다. 넷째, 일본 헌법 보급개발사업이다. 일본 헌법은 국민주권, 인권, 평화주의를 기본원리로 하여 국가발전과 국민생활 향상

---

51) 沖繩현 文化環境部 平和男女共同參劃課, 『沖繩縣平和行政』(平成18년 12월) 참조.

에 기여해 왔는바 금후에도 현민 모두가 일본 헌법을 존중하고 이를 실천하기 위한 노력을 경주한다. 평화헌법의 원리와 정신을 현민들에게 보급하기 위한 노력의 일환으로 매년 5월 3일 헌법제정 기념일에 매스컴을 통해 지사가 메시지를 발표하고 있다. 다섯째, 기타 사업으로 소하 52년(1977) 이후 매해 6월 23일 오키나와 전몰자 추도식을 기해 지사의 이름으로 평화선언문을 발표하고 있고, 평성 7년(1995) 6월 23일 추도식에서는 현의회의 의결을 거쳐 현민의 총의로서 「비핵·평화오키나와선언」을 하였으며 이후 핵실험에 대해 항의를 계속 하고 있다.

2) 오키나와 평화상[52]

오키나와 평화상은 세계 모든 나라의 교량역할을 했던 만국진량의 전통과 관용의 역사를 강조하는 오키나와의 마음에 입각하여, 전쟁과 분쟁 억제는 물론이고 빈곤, 난민, 환경문제 등 인류의 평화와 생존을 위협하는 모든 종류의 문제해결에 노력하는 국내외 단체와 개인을 대상으로 평화상을 수여함으로써 평화를 갈망하는 현민의 소망을 계속적으로 세계에 알리고 국제평화의 창조에 공헌함을 목적으로 한다고 말하고 있다.

오키나와 평화상은 아태지역의 평화와 비폭력 실현, 인간안보의 실현, 내발적 다양성을 기초로 한 평화의 실현을 촉진함을 이념으로 삼고 있으며, 오키나와의 평화를 공유하고 승화하기 위한 실천 사업으로서 평화에 대한 투자를 통해 지역발전에도 도움이 되기를 갈망하고 있다. 과거의 실적은 물론 장래의 파급 효과가 기대되는 활동을 대상으로 수

---

52) 상게문.

상자를 선정하며, 아시아·태평양 지역에서 평화와 비폭력의 촉진에
공헌하고, 인간 안보(빈곤, 기아, 환경 문제 등 인간의 생명이나 기본
적 권리를 위협하는 문제 해결)의 실현에 공헌하며, 세계 각지의 다양
한 문화와 사고방식을 존중하는 평화활동을 대상으로 하고 있다.

　역대 수상자들을 살펴보면, 2002년 제1회 수상자는 「나카무라 데스
를 지원하는 모임」이 아프가니스탄 난민지원 활동(의료, 수자원 확보,
도로정비, 농업부흥)에 기여한 공로로 수상하였다. 2004년 제2회 수상
자는 비영리법인인 「아시아의사연합」(AMDA)로서 아시아, 아프리카,
중남미 등지에서 빈곤층에 대한 의료지원 및 생활개선 지원활동에 기
여한 공로로 수상하였다. 2006년 제3회 수상자는 「오키나와의 라오스
언청이 지원센터」가 라오스에서 언청이 무료 수술을 통해 인간안보에
기여한 공로로 수상하였다.

3) 오키나와 평화협력센터(OPAC)의 활동[53]

　오키나와가 전쟁의 체험으로 분쟁 피해자의 고통을 공유하고 있으나
지금까지 아시아 태평양 지역의 분쟁 해결이나 평화구축을 위한 어떠
한 노력이나 역할을 행하지 못했다는 자성 하에 평화를 구체적으로 실
천하기 위한 노력이 시작되었다. 이제까지 오키나와가 지난 전쟁의 증
언 역할에 충실해왔다면 앞으로는 아직도 분쟁 중인 여러 지역에 원조
의 손을 펼쳐야 한다는 생각이다. 「오키나와 평화협력센터」의 설립자
들은 현재 아시아·태평양 지역이 영토문제, 인종과 민족 갈등, 환경과

---

53) Okinawa Peace Assistance Center, *Peace Wave: Transforming Okinawa's
　　Heart into Action*, No.0 (2003. Oct.1) 참조.

괴, 빈곤과 기아 등 평화를 위협하는 제반 요소와 직면해 있다는 인식 하에 신뢰를 조성하며 대화를 촉진하는 비군사적 협력활동을 통하여 이 지역의 잠재적인 불안정 요소를 제거하고 평화 실현에 기여하려 하고 있다. 2002년 10월 「오키나와 평화협력센터」는 오키나와 현으로부터 특정비영리활동법인(NPO) 인가를 받고 설립등기를 완료하였다. 「오키나와평화센터」는 아시아·태평양지역의 분쟁과 평화에 관한 조사연구, 선거감시활동 등 분쟁해결이나 평화구축에 관여하는 구체적인 지원활동, 워크숍 등 연수를 통해 오키나와의 마음을 실천할 인재 육성, 국제평화를 지향하는 여러 단체와의 교류 및 네트워킹을 통하여 아시아·태평양 지역에서 국제협력과 평화구축의 선두주자가 되기를 기대하고 있다. 그동안 사업 실적으로는 선거활동 감시(2002년과 2003년의 캄보디아 지방선거와 총선거, 2002년의 동티모르 의회선거 및 대통령선거), 청년초청사업(2002년 동티모르 청년지도자, 2004년 아프가니스탄 청년행정관), 기타 세미나 및 강연회(긴급의료원조, 부흥개발지원과 UN, 국제분쟁, 동아시아 안보), 평화협력 프로젝트(동티모르 제대군인 사회복귀지원) 등을 실시하였다. 특히 동티모르 청년단 초청사업은 NPO 설립 기념 제1호 사업으로 동티모르 청년 대표단을 초대하여 2박 3일의 홈스테이를 경험시키는 등 국경을 초월한 교류를 행하였다. 이 사업의 목적은 첫째, 오키나와의 전후 복구사례의 경험을 들려주어 동티모르의 건국과정에 일조하는 것이고 둘째, 독립을 쟁취한 동티모르의 건국 열정을 오키나와 청년들이 배우는데 있었다.

오키나와의 평화정책 및 평화사업

- 제주 '세계평화의 섬'에 대한 함의 -

I. 들어가며

  오키나와(沖繩)[1]는 일본 최남단에 위치한 縣이다. 오키나와는 제2차 세계대전 당시 오키나와戰에서 20여만 명이 희생되고 많은 문화유산이 파괴됨으로써 평화·생명의 소중함을 인식하게 되었다는 점에서, 한국의 최남단에 위치하면서 1948년 많은 인명이 희생된 '4·3'의 아픔으로부터 인권과 평화의 소중함을 인식하게 되었던 제주의 경험과 유사성을 보이고 있다.

  현재 오키나와가 지향하는 평화의 이념을 보면 대체적으로 오키나와 전투의 증언과 상처 치유라는 과거의 방식에서 벗어나 아시아·태평양 지역의 평화증진 및 분쟁해결과 인간안보 지원사업으로 방향 전환을 시도하고 있기 때문에, 1990년대 이후 제주도가 추진하고 있는 '세계평화의 섬' 전략의 이념적·실천적 목표와 궤를 같이 한다고 볼 수 있다. 특히 오키나와는 아시아 태평양 지역의 교류·협력 거점을 지향하며 다양한 시책을 전개함으로써 국제교류와 협력을 추진하고 있으므로 제

필자 : 김부찬(제주대학교 법학부 교수)
  1) 오키나와 발음으로는 '우치나'라고 한다.

주도의 '국제자유도시' 전략과 연결될 수 있는 요소도 많다고 본다.

이러한 배경에서 본고는 오키나와의 평화정책 및 행정, 그리고 縣廳과 민간 부문에서 추진되고 있는 평화 사업의 현황 및 의의에 관하여 살펴보기로 한다.

Ⅱ. 오키나와 평화정책 및 행정체계

1. 평화정책의 배경 및 기조

오키나와는 류큐(琉球) 왕국 시절부터 '비무장 평화외교'와 교역을 중심으로 근린제국과의 사이에서 공존공생을 모색하여 왔다. 그리고 內政 면에서는 여러 가지 특색을 지닌 문화를 꽃피어 왔다. '万國津梁 · 平和愛護'가 오키나와의 특징이라고 할 수 있다. 그러나 근세에 들어와서 열강의 아시아 진출이 본격화되고 류큐가 일본 사쓰마(薩摩)의 지배를 받게 됨으로써 교역국가로서의 지위는 실추되고 말았다. 메이지(明治) 유신 후 류큐는 무력에 의하여 일본에 倂合(琉球處分)되었는데, 이에는 메이지 정부의 영토확장정책에 수반된 '南進政策의 거점구축' 이라고 하는 야망이 숨겨져 있었다.[2]

이후, 메이지 정부에 의한 '同化政策,' '皇民化政策'이 철저하게 시행되어 왔으며, 특히 제2차 세계대전에서 오키나와는 일본의 皇土 방위를 위하여 철저히 희생되는 결과가 초래되기도 하였다. 오키나와는 가혹한 地上戰의 무대로 활용되고 군인과 민간인을 합쳐서 20만 여명이

---

2) 琉球自治州の會, 『琉球自治州の構想』, 那覇出版社, 2005, p.28.

귀중한 목숨을 잃었을 뿐만 아니라 소중한 많은 문화유산과 생활기반이 파괴되었다.3) 이후 오키나와는 그 지정학적 위치 때문에 미국의 동아시아 군사전략상 '태평양의 要石'이 되어 '군사기지의 섬'으로 재편·강화되어 왔다. 제2차 세계대전이 끝나고 당초 미국은 일본을 비무장국가로 만들고 계속적으로 일본을 미국의 영향력 아래 두기 위하여 오키나와를 일본으로부터 분리하여 미군의 군사기지로 만들 필요가 있다고 판단하였다.

1948년부터 1949년에 걸쳐 미국 정부는 오키나와를 분리 지배한다는 군부의 構想을 승인하였다. 그러나 일본을 비무장국가로 만들려는 계획은 일본으로 하여금 '共産主義의 防牌'로 삼는다는 1949년 7월 4일의 맥아더의 聲明을 통하여 포기되고, 일본을 재무장시키는 한편 일본 전 지역을 미국의 군사기지로 자유롭게 사용하는 동시에 오키나와를 분리하여 세계전략의 거점으로 지배하는 새로운 정책이 추진되었다. 일본의 재무장은 1950년 8월 '警察豫備隊令'의 발포로, 일본 전 지역의 기지화는 1951년 9월 '美·日安保條約'의 체결로, 그리고 오키나와의 분리 지배는 1952년 4월에 발효된 '對日平和條約' 제3조로 구체화되었다.4)

오랫동안의 복귀운동5) 끝에 1972년에 오키나와가 일본으로 복귀된

---

3) 상게서, p.29.

4) 아라사끼 모리테루(新崎盛暉) 지음, 김경자 옮김, 『또 하나의 일본 오키나와 이야기』, 역사비평사, 1998, pp.76-77.

5) 오키나와의 일본 복귀운동은 벌써 1951년 9월 對日講和會議를 앞두고 "平和憲法 아래로 復歸"라는 구호를 내걸고 시작되었고, 1956년부터는 '섬 전체 투쟁'이 전개되고 1960년에는 '오키나와현 조국복귀협의회'가 결성되어 대중운동으로 조직화되기에 이르렀으며, 1970년에는 '안보·오키나와 투쟁'이 크게 고양되었다. 결국 1972년에 오키나와의 일본 복귀가 실현되었다. 그러나 오키나와의 일본 복귀가 실현되었어도

후 30여년 이상이 경과된 지금, 일본 본토의 미군기지는 처음에 비하여 1/3 정도로 줄어들었지만 일본 영토의 0.6%에 불과한 오키나와에는 일본 전체에 주둔하고 있는 미군의 75%가 주둔하고 있으며, 오키나와 전체 면적의 20%가 미군기지로 사용되고 있다.[6] 이와 같이 오키나와는 제2차 세계대전 이후 현재까지 미국의 동아시아 전략 및 미·일 안보동맹 체제에서 '군사기지의 섬'으로 그 위상이 설정되고 말았다.

그러나 오키나와 縣民들은 비참한 전쟁 체험과 이후 28년에 이르는 美軍政의 역사를 통해 평화의 중요성과 생명의 존귀함을 피부로 느껴왔다. 이러한 역사적 체험은 오키나와 사람들로 하여금 평화에 대한 희구를 바탕으로 반기지 평화투쟁을 끊임없이 일어나게 만들었다. 이러한 오키나와 현민들의 평화운동은 민간차원뿐만 아니라 지방 행정 차원에서 오키나와로 하여금 동아시아 평화구상의 중심이 되도록 평화정책과 평화행정을 추진하도록 만들었다.

오키나와 현은 현민이 평화를 바라는 마음을 널리 국내외에 발신해 항구적 평화를 창조하고 확산시키는 데 평화정책의 기조를 두고 縣 내 문화환경부 산하에 '평화·남녀공동참획과'를 설치하여 '평화의 주춧돌 사업,' '오키나와평화상 사업,' '평화기념자료관 사업'을 3개의 중요한 틀로 해서 평화행정을 추진하고 있다.

사방이 바다로 둘러싸인 오키나와는 일본 본토와 동남아시아 각국과의 연결점에 위치하여, 예전에는 한국을 비롯한 아시아 각국, 최근에는 북미와 중남미 각국과의 교류 역사를 가지고 있다. 오키나와 현은 전국

이는 미·일 안보협력체제의 강화를 전제로 한 것이기 때문에 오키나와는 여전히 미군기지로 남아 있게 된 것이다. 이에 대해서는 상게서, pp.79-104 참조.

6) 문소정, "오키나와 반기지투쟁과 여성평화운동," 『사회와 역사』 제69집, 2006, p.157.

적으로도 드문 移民縣으로서 戰前과 戰後를 통하여 많은 현민들이 해외
로 이주하기도 하였다. 이러한 배경 하에 오키나와는 1970년대 일본 복
귀 이후 그 진흥개발의 한 축으로 '南國際交流據點' 구상을 추진하기 시
작하였다. 처음에 이러한 구상은 일본의 '新全國總合開發計劃'에 포함
되고, 이어서 '제1차 오키나와 진흥개발계획', '제2차 오키나와 진흥개
발계획,' 그리고 '제3차 오키나와 진흥개발계획'에 계속 반영되었다.[7]

오키나와는 국제협력의 일환으로서 개발도상국으로부터 유학생, 기
술연수생을 받아들여 출신국의 경제·교육 등의 진흥에 공헌할 수 있는
인재의 육성에 기여하고 있다. 오키나와는 아시아 태평양 지역의 교류
·협력의 거점을 지향하여 다양한 시책을 전개하고 있는 것이다.[8] 오
키나와현의 국제교류 사업은 현재 '觀光商工部' 내 '交流推進課'의 소관
업무로 되어 있다. '교류추진과'는 원래 문화환경부 내 '국제교류과'로
설치되어 왔었는데, 2005년부터 '교류추진과'로 재편되었다.

이와 같이 오키나와는 '교류추진과'와 '평화·남녀공동참획과'의 업
무 지원으로 특히 분쟁 해결·환경·의료·복지 등 다양한 분야에 걸친
해외 지원 활동을 통하여 세계적인 '평화도시'로서의 이미지를 구축하
는 데 성공을 거두고 있다.

오키나와는 또한 'JICA 오키나와 국제센터'[9]를 중심으로 지역

---

7) 마키노 히로타카(牧野浩隆) 저, 제주발전연구원 역, 『오키나와에서 배운다 I』, 도
   서출판 오름, 2003, pp.111-114 참조.
8) 오키나와현, 『오키나와(沖繩) 2004 - 오키나와현의 개황』, 2004, p.46.
9) 일본은 1954년부터 개발도상국에 대한 기술협력 사업을 시작했다. 1960년부터
   1970년대에 이르기까지 일본은 원조의 양적인 확대와 함께, 정부 차원의 국제협력
   사업의 일원적인 실시기관의 설립 필요성이 제기되어 1974년 '해외기술협력 사업단'
   과 '해외이주 사업단' 등이 통합되어 '국제협력사업단'(JICA)이 발족되었다. 그 후
   특수법인 개혁 등 정부의 행정개혁 방침에 따라, 2003년 10월 1일 '독립행정법인

NGOs와 연계하여 개발도상국의 정부 관계자들을 대상으로 하는 각종 연수, 국제이해 교육 및 개발교육의 지원 등 국제교류 지원 사업을 수행하고 있다. 오키나와에는 국제교류 및 평화 사업과 관련된 민간단체들(NGOs)이 80여개가 넘고, 이 가운데 특히 평화 관련 국제교류·협력 사업을 수행하고 있는 경우도 상당수에 달하고 있다.

2. 평화 및 국제교류를 위한 행정체계[10)

1) 서설

47개의 都·道·府·縣과 市·町·村의 형태를 취하고 있는 일본의 지방자치제도는 수장(首長)제를 채택하고 있다. 이것은 대통령제와 같이 수장이 주민의 직접선거로 선출되어 의회와 대등한 입장에 서서 양자가 제각기 직접 주민에 대하여 책임을 갖는 제도로, 중앙정부가 취하고 있는 의원내각제와는 다르다. 그리고 의회와 수장이 서로 견제하고 조정해 가면서 행정을 추진해 주민의 의사에 보다 충실하고 공정한 행정이 이루어지도록 배려하고 있다.

都·道·府·縣의 수장은 知事이며 지방자치단체 집행기관의 중심 인물로 주민의 직접선거에 의해 선출되고 임기는 4년으로 되어 있다. 지사는 자치단체를 대표하며 그 단체의 사업 전반을 관리·수행한다. 지사는 의회에 議案을 제출하거나 예산을 조정하고 집행하기도 하며 지

국제협력기구'(JICA)가 공식 발족하고 정부개발원조(Official Development Assistance; ODA)의 실시기관으로 재편되었다. 오키나와현에 있는 'JICA 오키나와국제센터'는 전국에 있는 18개 지부 가운데 하나이다. 이에 대해서는 제주의 소리 (http://www.jejusori.net/) 2006년 11월 12일자 참조.

10) 오키나와현 homepage(http://www.pref.okinawa.jp/) 참조.

방세나 시설의 사용료를 징수하고 재산을 취득·관리·처분한다. 수장
은 이러한 일들을 수행하기 위하여 규칙을 정하여 직원을 임명하고 지
휘 감독하거나 필요한 사무 조직을 제정할 수 있는 여러 가지 권한을
가지고 있다. 또한 수장의 업무를 분담하기 위해 部·課·係 등의 조직이
설치되어 있다.

지방자치단체의 議會는 그 단체의 최고 의사결정기관이다. 의회의
권한으로는 조례 제정과 예산 결정이 무엇보다 중요하며, 그 밖에 부지
사 또는 조역(부시장, 부정장, 부촌장), 그리고 敎育委員會, 公安委員
會 등의 위원의 임명에 동의하거나 결산을 인정하는 권한도 가지고 있
다. 의회는 매년 4회 이내로 소집되는 정례회와 필요에 따라 열리는 임
시회에서 조례안이나 예산안 등을 심의하고 다수결 원칙에 의해 의결
한다. 개별적인 의안에 대한 세세한 심사는 의회 내부에 설치되는 소수
의 의원으로 구성되는 몇 개의 위원회에서 실시되는 것이 통례이다.

오키나와 縣廳은 知事를 정점으로 내부에 1室,[11] 7部,[12] 1局[13]을 두
고 있으며, 외부에 縣議會, 縣企業局, 縣病院事業局, 그리고 교육위원
회를 비롯한 각종위원회[14]가 설치되어 있다.

오키나와현은 광의에 있어서 평화와 관련된 업무를 담당하는 부서를
통합적으로 설치하지 않고 이를 각각 다른 部나 室의 독립된 課에서 다
루도록 하고 있다. 즉, 평화 업무를 수행하는 '平和·男女共同參劃課'
는 문화환경부 내에, 국제교류 업무를 담당하는 '交流推進課'는 관광상

---

11) 知事公室.
12) 總務部, 企劃部, 文化環境部, 福祉保健部, 農林水産部, 觀光商工部, 土木建築部.
13) 出納事務局.
14) 敎育委員會, 公安委員會, 監査委員, 人事委員會, 海區漁業調整委員會, 內水面漁場管
理委員, 選擧管理委員會, 勞働委員會, 收用委員會.

공부 내에, 그리고 미군기지 문제를 다루는 '基地對策課'와 '返還問題對策課'는 지사공실 내에 설치되어 있다.

오키나와 縣議會는 현의 의사를 결정하고 주민을 대표하는 기관으로서 헌법과 지방자치법에 의거하여 설치되고 있으며 縣民의 대표자인 議員들이 오키나와현의 중요한 사항에 관하여 의사결정을 수행하는 매우 막중한 역할을 담당하고 있다. 오키나와 현의회는 本會議 산하에 4개의 常任委員會,[15] 議會運營委員會, 그리고 5개의 特別委員會[16]가 설치되어 있다.

2) 평화사업 조직

(1) 조직편성

현청 문화환경부 내에 '평화·남녀공동참획과'가 설치되고 있으며, 평화·남녀공동참획과는 '平和推進班'과 '男女共同參劃班'으로 나뉘고 있다. '평화추진반'은 1992년(平成 4년) 총무부 知事公室 국제평화교류과 내 '평화추진계'→ 1993년 '평화추진과'로 격상→ 1998년 문화환경부 文化國際局 '평화추진과'로 교체→ 2001년 총무부 지사공실 '평화추진과'로 조직교체→ 2005년 문화환경부 '평화·남녀공동참획과' 내 '평화추진반'으로의 조직재편 과정을 거쳐 왔다.

---

15) 總務企劃委員會, 經濟勞働委員會, 文敎厚生委員會, 土木委員會.

16) 米軍基地關係特別委員會, 觀光振興·新石垣空港建設促進特別委員會, 小子·高齡對策特別委員會, 豫算特別委員會, 決算特別委員會.

(2) 사무분장[17]

'평화추진반'은 평화행정에 관한 시책의 총합적 기획, 조정 및 추진에 관한 사항, 평화기념자료관에 관한 사항, 평화의 주춧돌에 관한 사항, 일본국 헌법의 보급에 관한 사항, 인권옹호사상의 보급에 관한 사항,[18] 관계단체에 관한 사항, 전후처리에 관한 사항을 담당한다.

한편 '남녀공동참획반'은 '남녀공동참획사회의 실현에 관한 시책의 총합적 기획 및 조정에 관한 사항, 남녀공동참획사회의 실현에 관한 시책의 추진에 관한 사항, 여성총합 센터에 관한 사항, 재단법인 오키나와 여성재단에 관한 사항, 여성단체의 육성 및 연락 조정에 관한 사항을 담당하고 있다.

그밖에 평화·남녀공동참획과는 他課의 분장 사업을 제외하고 기타 평화의 추진 및 남녀공동참획에 관한 사항을 담당하도록 되어 있다.

3) 국제교류 사업 조직

(1) 조직편성 및 업무

오키나와현의 국제교류 업무는 현재 '관광상공부' 내 '교류추진과'의 소관으로 되어 있다. '교류추진과'는 외국청소년 초청사업(JET Programme),[19] 해외유학생 유치사업, 해외기술연수생 등 유치사업, 국

---

18) 인권계발활동을 보다 효과적으로 추진하기 위하여 평성 12년(2000년) 8월 8일에 나하 地方法院局, 縣, 나하市 그리고 오키나와현 인권옹호위원회 등 4자를 구성원으로 하는 '오키나와현 인권계발활동 네트워크협의회'가 발족되었다. 인권일반 및 여성 인권에 대해서는 평화·남녀공동참획과가 업무를 담당하지만 인권교육에 대해서는 오키나와현 교육청 의무교육과, 縣立學校 교육과, 生涯學習振興課 등이 업무를 담당하고 있다.

제네트워크 사업, 세계의 우치난츄(沖繩人, Uchinanchu) 대회,20) 해외이주자의 지원 및 네트워크 구축 사업, 오키나와현 자매결연 사업, 주니어 스터디 투어(Junior Study Tour) 사업 등을 담당함으로써 오키나와의 국제교류·협력의 활성화를 도모하고 있다.

한편 오키나와현은 1981년에 '국제교류재단'을 설립하고 1985년에는 ASEAN 여러 나라들과의 국제교류·협력구상에 의거하여 '오키나와 국제교류센터'를 설립한 바 있다. 1981년에 설립된 국제교류재단은 2000년 3월에 해산되고 4월에 '(財) 오키나와현 국제교류·인재육성재단'으로 확대·재편되었다. 오키나와현은 나아가서 1987년에는 동남아시아에 대한 관문이라는 지리적 조건을 살린 산업진흥의 일환으로서 '오키나와 자유무역지역' 계획을 시행한 바 있다.

오키나와현은 또한 인적·물적 교류를 촉진하고 지역경제의 활성화 및 문화진흥을 지원하는 국제교류의 場으로 '오키나와 컨벤션센터(Convention Center)'를 설립하고 그 운영주체로 '오키나와 컨벤션 뷰로(Convention Bureau)'를 두고 있다.21)

---

19) JET(The Japan Exchange and Teaching) Programme은 일본의 지방자치단체가 외국의 청소년을 초청하여 외국어 교육을 중심으로 지역 차원에서 국제교류 사업을 추진하는 수행하는 것이다. 이 사업은 정부의 總務省, 外務省, 文部科學省, 그리고 지자체 국제화협회가 상호 협력하여 추진되고 있다. 이에 대해서는 한국지방자치단체국제화재단(KLAFIR), 『지방외교 - 그 이론과 실제에 관한 연구 - 』, 사회교육문화사, 2006, pp.445-457 참조.

20) Uchinanchu Festival은 移住世代의 공적을 바탕으로 우치난츄의 아이덴티티(identity)를 확인하고 우치난츄 네트워크를 담당하는 次世代의 육성을 도모하며, 세계에 펼쳐지는 우치난츄 네트워크의 계승과 심화·확충을 목표로 하여 열리는 대회이다. 이에 대해서는 Ⅲ. 1. 3)에서 설명.

21) 제주발전연구원 역, 전게서, p.113.

(2) 국제교류 · 협력추진의 기본방향

오키나와현은 "아시아 · 태평양지역의 평화와 지속적 발전에 기여하는 지역"을 목표로 하고 "아시아 · 태평양지역의 교류 · 협력거점 OKINAWA 의 실현"을 기본목표로 국제교류 · 협력을 추진하고 있다. 오키나와현은 2002년 7월에 오키나와 진흥계획이 결정되고 난 후, 그 실시계획의 하나로 「沖繩縣國際交流 · 協力推進計劃~國際交流 · 協力推進 ACTION PLAN~」이 "오키나와의 지역적 특성을 발휘하고 아시아 · 태평양지역의 사회경제 및 문화의 발전에 기여하는 지역의 형성을 도모하는 것"을 목표로 같은 해 10월에 정립되었다.

오키나와현은 2005년에 그동안의 실적에 대한 평가를 바탕으로 「第2次沖繩縣國際交流 · 協力推進計劃」을 수립하였는데, 이를 통하여 국제교류 · 협력의 기본방향으로 국제화의 추진에 대응하는 인재의 육성 및 확보, 국제화에 대응하는 환경 조성, 국제교류의 추진, 국제협력의 추진, 국제교류 · 협력거점의 형성을 위한 기반정비, 그리고 세계각지와의 네트워크의 형성 등을 설정하고, 그 실현을 위하여 國家, 縣, 市町村한, 독립행정법인 국제협력기구오키나와센터(JICA 오키나와), 독립행정법인국제교류기금, 국제교류단체, 그리고 기타 관계단체 등의 역할을 분담 명시하고 있다.22)

3) 미군기지 관련 업무

오키나와현은 현재의 국제정치의 현실에 비추어 현내에 소재하고 있

---

22) 沖繩縣, 『第2次沖繩縣國際交流 · 協力推進計劃~國際交流 · 協力推進 ACTION PLAN~』, 平成 17年(2005年) 3月.

는 미군기지가 일본은 물론 아시아 지역의 평화와 안전을 위하여 필요
하다는 기본적 인식을 가지고 있다. 그러나 일본 전국의 미군 전용시설
면적의 약 75%가 오키나와현에 집중되어 현민의 생활과 진흥개발에
여러 가지로 부정적인 영향을 미치고 있기 때문에 많은 현민들은 기지
의 정리·축소를 희망하고 있는 것이 사실이다. 또한 제2차대전에서
20만 여명이 인명 손실을 당하는 등 전쟁의 가혹함을 체험하고, 그 후
에도 오랫동안 미군의 통치를 경험했기 때문에 현민들은 평화에의 염
원과 인간으로서의 존엄성 존중의 중요성을 피부로 실감하면서 세계의
항구적인 평화를 강하게 희구하고 있는 것이다.

이 때문에 오키나와현은 기지문제의 중요성을 감안하여 지사공실 직
속으로 '기지대책과'와 '반환문제대책과'를 설치하고 미군기지가 지역
에 미치는 영향을 분석하는 한편 기지문제의 해결 및 반환되는 기지의
활용과 관련한 여러 가지 시책을 마련하고 있다. 이 가운데 특히 기지
대책과는 미군기지의 정리·축소, 해병대를 포함한 미군 병력의 감축,
미·일 주둔군지위협정(SOFA)의 재검토, 후텐마 비행장의 이설문제,
후텐마 비행장 이설 관련 조치에 관한 협의회 운영 등 소관업무를 수행
하고 있다.[23]

---

23) 오키나와현 homepage(http://www.pref.okinawa.jp/) 참조.

Ⅲ. 오키나와의 평화행정 및 사업

1. 縣廳의 평화행정[24)]

1) 평화의 초석(平和の礎) 사업

(1) 건설 취지

오키나와의 역사와 풍토 속에서 자라난 '평화의 마음'을 널리 내외에 전하고 항구적인 세계평화를 바라는 취지에서 국적과 군인·민간인 구별 없이 오키나와전 등에서 사망한 사람들의 이름을 새긴 기념비 '평화의 초석'(平和の礎)을 태평양전쟁·오키나와전 종결 50주년을 기념해서 평화기원 공원 내에 건설하였다. 평화의 초석은 1995년 6월 평화기념공원 내 동쪽 끝에 태평양의 바다를 향해 세워졌다.

평화의 초석의 가장 큰 특징은 제2차 세계대전 당시 오키나와 전투에서 사망한 모든 사람들의 이름을 국적을 불문하고 새겨 놓았다는 점이다. 오키나와 현민, 일본 군인, 대만과 한국(조선)에서 끌려 온 사람들은 물론 적국인 미군과 영국군까지 모두 刻銘하는 방식 때문에 이 초석은 많은 관심과 논란을 불러 일으켰다. 이러한 방식은 일부의 반대에도 불구하고 오키나와 전에서 죽어간 모든 사람들을 차별 없이 위령함으로써 解寃과 相生의 의미를 추구하고 평화로운 미래를 건설해 나갈 수 있다는 점에서 많은 지지를 받았다.[25)]

---

24) 沖繩縣 文化環境部 平和男女共同參劃課, 『沖繩縣 平和行政』, 平成 18年(2006年) 12月, pp.1-7 참조.

25) 趙誠倫, "沖繩縣平和記念公園의 空間變化," 『한·일 근대연구의 현재와 미래』(韓國日本近代學會 제15회 국제학술대회 자료집), 2007. 5, p.163 참조.

(2) 刻銘 대상자

① 원칙

국적을 불문하고 오키나와전에서 사망한 모든 사람들을 각명 대상자로 한다. 이 경우 오키나와전의 기간은 미군이 케라마제도(慶良間諸島)에 상륙한 1945년 3월 26일부터 항복문서에 조인한 같은 해 9월 7일까지로 하고 전몰장소는 오키나와현 구역 내로 한정된다. 다만 아래에서 언급하는 전몰자에 대해서도 각명 대상자로 한다.

② 오키나와현·출신의 전몰자

만주사변으로 시작되는 15년 전쟁 기간 중 오키나와현의 내·외에서 전쟁이 원인이 되어 사망한 자 및 1945년 9월 7일 이후, 오키나와현 내·외에서 전쟁이 원인이 되어 대략 1년 이내에 사망한 자(단, 원폭 피해자는 제외)를 의미한다.

③ 타지역 및 외국 출신 전몰자

오키나와 수비군 제32군이 창설된 1944년 3월 22일부터 1945년 3월 25일까지, 난세이제도 주변에서 오키나와전과 관련된 작전과 전투가 원인이 되어 사망한 자, 1945년 3월 26일부터 같은 해 9월 7일까지 오키나와현 구역을 제외한 난세이제도 주변에서 오키나와전과 관련된 작전과 전투가 원인이 되어 사망한 자, 그리고 1945년 9월 7일 이후, 오키나와현 구역 내에서 전쟁이 원인이 되어 대략 1년 이내에 사망한 자가 이에 해당된다.

(3) 기본 이념

① 전몰자의 추모와 평화의 기원

오키나와전에서 사망한 국내외 20만여 모든 사람들에게 추도의 뜻을 표하고 그 영령을 위로함과 동시에, 오늘날 살아가고 있는 사람들이 향유할 수 있는 행복과 평화의 소중함을 재확인하고 항구적인 세계평화를 기원하는 것을 그 이념으로 한다.

② 전쟁체험·교훈 계승

오키나와는 2차대전 때에 국내에서 유일하게 주민을 몰아넣은 지상전의 전장이 되어 많은 고귀한 인명과 귀중한 문화유산을 잃었다. 이와 같은 비참한 전쟁 체험을 헛되이 사장하지 않고 그 교훈을 후세에 바르게 계승해 나간다.

③ 위안과 학습의 장

전몰자의 이름을 각명한 기념비만을 건설하는 데 그치지 않고 조형물을 배치하고 예술성을 부여하여 방문객에게 평화의 소중함을 느끼도록 함으로써 위안과 휴식을 취할 수 있는 곳으로 만든다. 또한 아이들에게 평화에 대해 관심을 갖도록 평화학습의 場으로 만드는 것을 목표로 한다.

(4) 면적 및 시설 개요

평화의 초석이 설치된 공간의 총 면적은 17,000㎡이며, 刻銘碑는 화강암 5절 타입 69기, 3절 타입 47기로서 각명 가능 수는 약 25만명이다. 광장(平和の廣場)의 중앙에는 언제나 불(平和の火)을 밝히고 있으

며, 무인 안내소로서 각명 전몰자 검색 시스템이 4곳에 설치되어 있다.

(5) 각명자 수

1995년부터 각명이 시작된 이후, 2006년 6월 23일 현재 일본인은 오키나와현 출신자 149,035명과 오키나와현 외 출신자 76,796명이 각명되었으며, 외국인은 미국 출신자 14,008명, 영국 출신자 82명, 대만 출신자 34명, 한국 출신자 346명, 그리고 북한 출신자 82명 등 총 240,383명이 각명되었다.

2) 오키나와의 평화상 사업

'오키나와 평화상' 사업은 오키나와가 갖고 있는 평화의 염원과 비전을 바탕으로 오키나와의 視點에서 새로운 국제평화의 창조를 목표로 하여 오키나와와 지리적·역사적으로 깊은 관계가 있는 아시아 태평양 지역의 평화구축 및 유지에 공헌한 개인·단체를 시상하는 사업이다.

(1) 취지

오키나와 평화상은 세계 모든 나라의 교량 역할을 했던 '万國津梁'의 전통과 관용의 역사를 강조하는 오키나와의 마음에 입각하여, 평화의 개념을 넓게 파악하는 맥락 속에서, 전쟁과 분쟁 억제는 물론이고 빈곤·난민·환경문제 등 인류의 평화와 생존을 위협하는 모든 종류의 문제 해결을 위하여 노력하는 국내·외 단체와 개인을 대상으로 本賞을 수여함으로써, 평화를 갈망하는 오키나와 현민의 소망을 계속적으로 세계에 알리고 국제평화의 창조에 공헌함을 목적으로 한다.

(2) 의의

오키나와 평화상 사업은 ⅰ) 지역의 주체로서 오키나와에 의한 자립적 평화의 추진 및 구축을 도모하고, ⅱ) 지역에도 도움이 되도록 오키나와에 있어서 평화에 대한 투자를 유인하며, ⅲ) 오키나와에 있어서 평화 의식을 공유하고 승화시키기 위한 지적·실천적 사업을 직접 추진한다는 점에서 그 의의가 있다.

(3) 표창 대상

오키나와 평화상은 ⅰ) 아시아·태평양지역에서의 평화·비폭력 실현의 촉진에 공헌하는 활동, ⅱ) '인간안보'(human security), 즉 인간의 생명과 기본적 권리를 위협하는 빈곤·기아·환경·감염증 등의 문제를 해결하고 풍요로운 생활을 영유할 수 있는 사회의 실현에 공헌하는 활동, 그리고 ⅲ) 세계의 여러 지역에서 생성된 다양한 문화와 사고를 존중하는 것을 기초로 평화의 실현을 꾀하는 활동을 표창 대상으로 하고 있다.

(4) 오키나와 평화상 위원회(Okinawa Peace Prize Committee)

평화상 사업을 주관하는 '오키나와 평화상 위원회'는 경제·교육·행정·언론 등 오키나와 지역사회의 모든 부문을 대표하는 인사들로 구성되고 있으며, 2001년에 설립되었다. 오키나와 평화상 위원회는 오키나와 평화상의 기본 이념을 충족시키기 위하여 오키나와 평화상 후보들을 선정하고 시상식을 개최하며 홍보·발전계획의 추진 등 오키나와 평화상의 목적을 달성하는 데 필요한 사업을 수행한다.

(5) 수상자 선정 방법

국내외의 유식자 등에게 수상후보자를 추천받아 오키나와 평화상위원회 산하에 설치되어 있는 '오키나와 평화상 選考委員會'(The Okinawa Peace Prize Selection Committee)의 심의를 거쳐 오키나와 평화상위원회의 회장이 수상자를 결정한다. 선고위원회의 위원들은 각각 오키나와 현민의 관점, 일본 국민의 관점, 국제평화의 관점, 평화연구의 관점, 그리고 평화상의 관점을 대표하는 자들로 임명되어진다.

(6) 시상식 및 상금 등

시상(식)은 2년에 한번 열리고 있으며, 시상 건수는 '오키나와평화상' 1건이며 개인·단체를 불문한다. 수상자에게는 상장·상패를 수여하고, 부상으로 상금 1,000만 엔을 지급한다.

(7) 오키나와평화상 지원모금

① 지원모금의 취지

독자적인 재원확보 목적 이외에도 모금활동을 통하여, 평화상의 홍보 효과를 제고하고 나아가서 현인들을 상대로 모금을 통한 오키나와 평화상의 운영에 참가하고자 하는 의식을 제고함으로써 현민 참가형을 顯彰하는 제도로서 실시된다.

② 대상

현내·외의 개인 및 법인 등을 대상으로 모금활동을 하고 있다.

③ 기간

모금 기간은 年中無休로 되어 있다.

(8) 역대 수상자

① 2002년 제1회 오키나와평화상

나카무라 데스(中村哲)를 지원하는 '페샤와루會(Peshawar-Kai)'(설립: 1983년 9월, 대표: 中村哲)가 수상하였으며, 수상 사유는 아프가니스탄에서 의료, 수자원 확보, 도로정비, 농업부흥 운동 등 난민지원 활동을 전개한 데 있다.

② 2004년 제2회 오키나와평화상

특정비영리활동법인 '아시아 의사협회'(AMDA International)(설립: 1984년 8월, 대표: 이사장 菅波茂)가 수상하였으며, 수상 사유는 아시아, 아프리카, 중남미 등지에서 빈곤층에 대한 의료지원 및 생활개선 지원활동을 펼친 데 있다.

③ 2006년 제3회 오키나와평화상

오키나와 라오스 언청이 지원센터(설립: 1995년 8년, 대표: 회장 仲眞良性)가 수상하였으며, 수상 사유는 라오스에서의 언청이 무료 수술로 인간안보에 크게 기여한 데 있다.

3) 平和祈念資料館 관리운영사업

현재 건립·운영되고 있는 평화기념자료관은 新館이다. 舊 평화기념

자료관은 1975년에 縣立平和記念公園과 함께 개관되었다가, 2001년에
신관이 건립됨으로써 폐관되었다. 舊館은 당초 주로 미군과 전투를 수
행했던 일본군의 전적을 기리기 위한 내용으로 전시물이 구성되고 있
었으며, 오키나와 주민들의 희생과 피해는 무시되고 있었다. 당시 전시
를 담당했던 주체는 오키나와 縣廳이었으며, 그 내용을 구성하고 전시
하는 작업은 전적으로 縣의 원호과 직원들에게 맡겨져 있었다. 그러나
이러한 전시물에 대하여 주민들의 비판이 제기되고 여러 평화단체들이
전시개선을 요구하는 움직임이 일어나기 시작하였다.[26]

이에 당시 오쿠라(屋良朝苗) 현지사는 주민들의 의견을 대폭 수용하
여 전시 내용을 개선하기로 결정하고, 1977년 민간 전문가들로 구성된
'平和祈念資料館委員會'를 설치하였다. 이를 계기로 평화기념자료관의
전시는 '軍의 논리'로부터 '民의 논리'로 재편되기에 이르렀다. 1978년
에 다시 개관한 자료관의 전시는 오키나와 주민들의 눈으로 본 오키나
와 전의 실상을 부각시켰으며, 일본군의 만행을 그대로 고발하는 내용
을 담은 반전평화박물관의 성격으로 평화기념자료관을 변모시켰다.

한편 1990년대에 들어와서는 오키나와 현지사로 당선된 오타(大田昌
秀)에 의하여 縣立 평화기념공원을 확대·발전시키기 위한 계획이 수
립되었다. 이 계획은 '오키나와 국제평화의 지킴이(沖繩國際平和の杜)
구상'이라고 부르는 매우 의욕적인 구상이었다. 이 구상에 다른 핵심
사업으로 앞에서 소개한 '평화의 초석'(平和の礎) 및 '新平和祈念資料
館'의 건립, 그리고 '國際平和研究所'의 설립 계획이 포함되고 있었다.

그러나 1998년 11월 오키나와 현지사 선거에서 보수계의 이나미네

---

26) 이를 흔히 "오키나와현 평화기념자료관의 제1차 전시문제"라고 한다. 조성윤, 전게
논문, p.162 참조.

(稻嶺惠一)가 현직인 혁신계 오타 현지사를 누르고 당선됨으로써 당초의 구상은 크게 후퇴하기에 이르렀다. '국제평화연구소' 설립안은 폐기되고 나머지 계획도 당초보다 축소 조정되는 결과가 되었다. 다만 2001년 2월에 신축된 기념자료관은 구 자료관보다 그 규모가 훨씬 커지고 더욱 많은 자료를 전시할 수 있게 된 것은 사실이지만, 구자료관의 民 중심의 주제의식은 많이 약화되었다고 본다.27)

□ 沖繩縣平和祈念資料館

(1) 사업 취지

'오키나와현 평화기념자료관'은 전쟁의 희생이 된 많은 영령의 넋을 달래고 오키나와전의 역사적 교훈을 바르게 차대에 전하며, 전 세계의 사람들에게 오키나와 현민의 마음을 호소함으로써 항구적인 평화수립에 기여하기 위해 전쟁 관련 자료 및 현민의 전쟁 체험을 결집해서 설립하게 되었다.

평화기념자료관은 '평화의 초석'과 일체가 되어 비참한 오키나와의 실상 및 교훈을 바르게 계승하고 항구적인 세계평화를 희구함과 동시에 인권과 환경문제 등을 함께 고려하는 '적극적인 평화관'에 입각하여 오키나와의 입장에서 평화를 세계에 發信하는 거점시설로 추진된 것이다.

(2) 구 자료관과의 비교

① 규모

새롭게 건립된 沖繩縣平和祈念資料館은 규모면에서 총면적이 구 자

27) 상계논문, pp.162-168 참조.

료관의 약 10배, 그리고 전시면적은 약 5배에 달한다.

② 전시 내용

구 자료관은 오키나와전의 실상 전시가 중심이 되고 있었지만, 신 자료관은 그 외에 戰前 및 戰後의 오키나와의 상황도 곁들여 전시하고 있다. 또한 신 자료관은 정보도서관과 어린이·프로세스 전시실을 갖춤으로써 국제이해와 환경문제를 포함한 평화학습 장소의 기능도 갖추고 있다.

(3) 시설 개요

① 사업 기간

신 자료관의 건축기간은 1993년부터 1999년까지 약 6년이 소요되었으며, 2000년 4월 1일에 개관하였다.

② 면적

신 자료관의 부지 면적은 약 12,808㎡이며 건축 연면적은 10,179㎡이다. 신 자료관은 지상 2층, 지하 1층의 철근 콘크리트 공법으로 건축되었다.

③ 총사업비

신 자료관의 총사업비는 약 73억 엔이다.

④ 디자인 컨셉(concept)

신 자료관은 "건물의 外觀과 內粧에 평화를 표현한다."는 취지를 나타내기 위하여 오키나와의 전통적인 빨간 기와지붕의 집합을 이미지화, 130여의 다른 지붕 형태를 갖도록 건축되었다.

⑤ 전시실 등
㉠ 상설전시실(5실) 1,360㎡
- 제1 전시실 '오키나와전으로의 길' : 명치유신을 거쳐 류큐처분, 청일, 러일전쟁에서부터 만주사변, 중일전쟁, 제2차 세계대전까지의 역사
- 제2 전시실 '주민이 본 오키나와전 철의 폭풍' : 오키나와로의 공습, 함포사격을 포함한 '철의 폭풍,' 미군 상륙과 가혹한 지상전의 실상
- 제3 전시실 '주민이 본 오키나와전 지옥의 전장' : 일본군의 남부철퇴에서 糸満시에서의 사령관 자결에 의한 조직적 전투 종결까지의 비참한 전장의 실상
- 제4 전시실 '주민이 본 오키나와전 증언' : 전장에서 체험한 주민에 의한 오키나와 각지, 소개지, 이민 간 나라에서의 전쟁체험 증언
- 제5 전시실 '태평양의 요석' : 오키나와의 전후의 정치적·군사적 변환, 복귀운동, 복귀 후의 발전과 아시아·태평양의 평화의 요석으로서의 오키나와
  ㉡ 기획전시실(1실) 255㎡
  ㉢ 어린이·프로세스 전시실(1실) 518㎡
  ㉣ 정보도서관(1실) 472㎡
  ㉤ 평화기념홀(1실) 245㎡
㉥ 기타, 바다와 주춧돌의 회랑, 회의실, 수장고(일반, 특별) 사무실 로비 홀 등

□ 八重山平和祈念館

(1) 설립 이념

'전쟁 マラリア'의 실상을 후세에 정확히 전함과 동시에, 인간의 존엄이 보장되는 사회를 건설하고, 八重山 지역으로부터 세계를 향한 항구적 평화의 실현을 호소하는 '평화발신의 거점'을 형성하는 것을 목표로 한다. 八重山平和祈念館은 1999년 5월 28일에 개관되었다.

(2) 시설 개요

① 면적

八重山平和祈念館의 부지 면적은 약 1,400㎡이며, 床 면적은 520㎡이다.

② 건물구조

八重山平和祈念館은 철근 콘크리트 공법으로 건축되었으며, 平屋의 건물구조로 되어 있다.

4) 헌법보급 · 계발 및 기타 사업

(1) 헌법보급 · 계발 사업

국민주권, 기본적 인권존중, 평화주의를 기본원리로 하는 일본 헌법, 즉 '평화헌법'의 정신을 현민들로 하여금 존중하도록 하고 나아가 그 구체화를 위한 노력을 촉구하기 위한 사업이다.

(2) 인권옹호사상 보급 및 계발사업[28]

인권옹호사상 보급 및 계발사업은 1994년부터 시작되었으며, 처음 에는 '同和問題'에 관한 계발활동을 수향하던 總務廳으로부터 위탁된 사업(地域改善對策啓發事業)을 실시하였다. 그러나 1996년 7월 26일 의 각의 결정에 의하여 '同和' 문제는 '人權' 문제로 그 범위가 확대되었 으며, 총무청의 동화관계 계발사업은 法務省의 인권사상의 보급고양사 업(人權啓發活動地方委託事業)으로 재편성되어 실시되기에 이르렀다.

현재 오키나와현은 인권존중 사상의 보급 및 고양을 위하여 지역주 민들에게 인권문제에 대한 올바른 인식을 심화시키고 기본적 인권의 옹호를 도모하는 사업을 전개하고 있다. 인권계발활동을 보다 효과적 으로 추진하기 위하여 '오키나와현 인권계발활동 네트워크협의회'를 발족시키고 지역밀착형 인권계발활동을 모색하고 있다.

(3) 기타 사업

① 오키나와 현 '평화선언'

오키나와 현에서는 1977년(昭和 52년)부터 매년 6월 23일 '慰靈의 날'에 거행되는 '오키나와전몰자 추도식'에서 '평화선언'이 이루어지고 있다. 참고로 2006년에 실시된 평화선언을 보면 아래와 같다.[29]

---

28) 오키나와현 homepage(http://www.pref.okinawa.jp/) 참조.
29) 平成 18년(2006년)의 평화선언
　"이곳 오키나와는 지난 대전에서 역사상 유래 없는 치열한 지상전의 장소가 되어 20만 명의 소중한 생명을 잃고 다수의 귀중한 문화유산이 파괴되었다. 전후 61년이 지나 전쟁체험자들이 고령화되어 가고 있는 가운데, 우리는 오키나와 전투에서 배운 귀중한 역사의 교훈을 계속해서 차세대에게 전달하고 전 세계에 호소해야 할 것이 다. 오키나와는 현민의 부단한 노력으로 전후 눈부신 발전을 이룩하였지만 아직도 여전히 거대한 미군기지가 집중되고 있어서 과중한 기지부담금을 강요당하고 있다. 미군기지의 정리축소가 이루어지고 기지부담의 경감이 실현되는 것이 현민의 가장

② '핵실험에 대한 항의,'

세계의 유일한 원자폭탄의 참화를 겪은 피폭국의 국민으로서 핵무기의 廢絕을 요구하고 항구적인 평화를 희구하며, 인류를 파멸로 이끄는 모든 핵무기의 제조·실험·저장·사용에 반대하는 것은 오키나와 현민들에게 부과된 의무이자 숭고한 사명이라고 본다. 오키나와현은 1995년 6월 23일에 천명된 '비핵·평화 오키나와 선언' 이래 핵실험에 대하여 항의를 실천해 왔다.

③ '비핵·평화 선언'

1995년 6월 23일 이루어진 비핵·평화선언을 보면 아래와 같다.[30]

절실한 소망이며 금후에도 기지문제의 해결에 전력을 다할 것이다.

그런데 현재 세계정세는 지역분쟁이나 테러 등 폭력과 보복의 연쇄 속에서 비극이 반복되고 있다. 또한 우리나라에서도 이웃 여러 국가와의 외교문제 향방에 국민의 관심이 집중되고 있다. 평화를 위협하는 여러 가지 문제를 해결하기 위해서는 민족이나 종교의 차이를 초월하여 관용의 정신으로 서로를 존중하고 한사람 한사람이 적극적으로 평화를 얻고자 하는 강한 의지를 갖는 것이 중요하다. 오키나와는 류큐 왕국시대에 외교활동을 통해 오래 동안 평화를 유지했던 역사가 있으며 또한 다양성을 수용하는 관용과 상호부조의 정신풍토가 있다. 이와 같은 특성을 살려 평화를 사랑하는 오키나와의 마음을 세계에 알리기 위하여 오키나와 현은 금년 제3회 오키나와 평화상을 시상한다. 또한 세계 각지에서 활약하는 많은 오키나와인들이 이 곳에 모여 제4회 우치난츄 대회를 개최함으로써 국제교류와 협력의 거점으로서 새로운 비약을 목표로 한다.

위령의 날을 맞이하여 모든 전몰자의 영령에 진심으로 애도를 표함과 동시에 세계의 항구적 평화 실현을 위해 현민의 지혜와 정열을 결집하고 힘차게 매진할 것을 선언하는 바이다.

평성 18년 6월 23일

오키나와 현지사 稻嶺惠一"

30) 비핵·평화 오키나와 선언
"전쟁은 무차별적으로 파괴해 버린다.
모든 생명을, 생활을, 문화를, 역사를, 그리고 자연을.

4) 세계 우치난츄 대회(World Uchinanchu Festival)의 개최[31]

(1) 대회의 목적 및 취지

오키나와현은 '오키나와현 국제교류인재육성 재단' 및 '(재) 오키나와 관광컨벤션 뷰로'와 공동으로 移住世代의 공적을 바탕으로 우치난츄 네트워크를 담당하는 차세대의 육성을 도모하며 세계에 펼쳐지는 우치난츄 네트워크의 계승과 심화·확충을 목표로 세계 우치난츄 대회를 개최하고 있다. 이 대회는 ⅰ) 우치난츄 네트워크의 原點인 아이덴티티(identity)를 확인하고, ⅱ) 우치난츄 네트워크의 미래의 담당자를

태평양 전쟁 최후의 지상전이 있었던
이 땅, 오키나와.
시가지와 마을이 불타고,
20만여 명이 목숨을 잃고,
선조가 이룩한 문화유산은 사라지고,
지형도 변하였으며,
그 상처는 아직도 치유되지 않고 있다.
전쟁, 그 비참한 체험을 토대로 삼아
우리들은
세계의 인류에 호소한다.
일체의 핵무기와 모든 전쟁을 없애고,
무기를 대화로 바꾸며,
그리하여 사랑과 신뢰로
지구를 평화롭고 초록이 충만한 별로 바꾸자고.
우리 오키나와 현민들은
'イチャリバチョーデー'(Brothers at First Meeting)를 슬로건으로,
이곳을 만국을 연결하는 땅으로 만들기를 바라고
세계의 항구적인 평화를 염원하면서
소리 높여 '비핵·평화 오키나와현'을 선언한다.
1995년 6월 23일 오키나와 현"

31) 이에 대해서는 제주의 소리(http://www.jejusori.net/) 2006년 10월 30일자, 11월 6일자 및 11월12일자 참조.

육성하며, iii) 오키나와현의 各面에 있어서, 장래를 향한 계속적인 폭넓은 교류에 이바지하기 위한 목적을 가지고 있다.

(2) 주요 행사

2006년 10월 11일부터 15일까지 개최되었던 제4회 세계 우치난츄 대회에서는 '一校一國' 운동, 주니어 스터디 투어, 평화체험·식수 투어, 월드 우치난츄 심포지움, 월드 바자, 평화워크, 각종 스포츠·예술 행사 등이 열린 바 있다. 一校一國 운동과 주니어 스터디 투어는 프레 이벤트(pre event)로 이루어졌다. 2005년 9월부터 시작된 一校一國 운동은 제4회 세계우치난츄 대회를 계기로 대회까지 기간 동안 현내 초·중·고교 학생들이 해외에 거주하는 세계의 우치난츄들과의 교류를 통하여 그들이 거주하는 나라(혹은 지역)의 문화·언어·음악·역사 등을 배우도록 하기 위하여 추진되었다. 이를 통하여 異文化·多文化 共生社會에 대한 이해 및 우치나 네트워크의 인식을 심화시키도록 하는 것이다.

주니어 스터디 투어는 해외의 오키나와 縣系의 자제를 오키나와에 초청하여 현내의 아동 및 학생들과 함께 오키나와의 역사·문화·자연 등의 체험학습을 통하여 母縣 오키나와에 대한 정을 깊게 하고 해외의 오키나와 縣系人 사회의 발전과 우치나 네트워크를 담당할 차세대 인재 육성에 공헌하기 위한 취지에서 실시되고 있다. 특히 주니어 스터디 투어는 그 학습 내용으로 역사·문화·사회 학습과 더불어 평화학습이 포함되고 있으며, 평화학습은 남부의 戰跡, 平和祈念資料館, 평화의 초석 등을 순례하며 평화의 의미를 생각하게 하는 행사이다.

평화체험·식수 투어는 대회 개회 이틀 전인 10월 10일 하루 동안 개막 사전 행사 가운데 하나로 열린 이벤트이다. 이는 세계 우치난츄 대회에 참가하는 해외 참가자들이 미·일 양군의 격렬한 전투의 자취를 직접 답사 체험하고 終戰 50주년 기념사업으로 건설된 평화의 초석을 참관하는 등 평화의 고귀함을 생각할 수 있는 기회를 제공하기 위한 것이다. 평화의 식수는 이토만시 '평화창조의 숲 공원'에서 전(제3회) 대회에서 기념 식수한 나무를 손질하고 育樹를 실시한 다음, 세계평화에의 소원을 담아 기념식수를 하는 것으로 진행되었다.

평화워크는 대회 기간 중에 오키나와 컨벤션 센터 회의장과 기노완(宜野灣) 해변 공원 다목적 광장에서 열리는 전시회이다. 제4회 세계 우치난츄 대회에서는 '세계와 오키나와'(世界と沖繩)를 주제로 평화워크가 거행되었다. 과거의 전쟁에서 막대한 피해를 입은 오키나와현에서 세계로 평화를 발산하기 위하여 개최되는 이 전시회는 2005년에 개설 20주년을 맞이하는 'JICA 오키나와 국제센터'가 그동안 수행해 온 개발도상국의 빈곤을 줄이기 위한 사업 및 세계평화를 위한 국제협력 사업을 소개하고 오키나와인들의 移民의 역사도 소개하고 있다.

2. 오키나와 縣民에 의한 평화운동

오키나와에서는 많은 평화운동 단체들이 활동하고 있는데, 여기서는 '평화협력센터'(Okinawa Peace Assistance Center), '평화 네트워크'(Peace Network), 그리고 '행동하는 여성의 모임'(Okinawa Women Act Against Military Violence)에 대해서 소개하기로 한다.

1) NPO 평화협력센터(Okinawa Peace Assistance Center; OPAC)[32]

(1) 설립 취지

OPAC는 오키나와의 기지문제 해결과 평화 관련 사업을 수행하고 있는 비영리민간단체(Non-Profit Organization; NPO)로서 2002년에 설립되었다. OPAC는 현재 아시아·태평양 지역이 영토 문제, 인종과 민족 갈등, 환경파괴, 빈곤과 기아 등 평화를 위협하는 제반 요소에 직면해 있다는 인식 하에 신뢰를 조성하며 대화를 촉진하는 비군사적 협력활동을 통하여 이 지역의 잠재적인 불안정 요소를 제거하고 평화 실현에 기여할 목적으로 창설되었다.

(2) 활동 범위

OPAC는 평화로운 아시아의 건설을 목표로 기지문제를 해결하고 지역분쟁을 근절하며 평화구축을 위하여 활동할 수 있는 인재육성에 관심을 가지고 외국의 연구기관 및 인력과의 교류 네트워크를 통한 협력 연구 활동에 많은 관심을 가지고 있다.

OPAC는 특히 청년인재 육성을 중심으로 시민교육 사업에 주로 몰두하면서 기지문제에 대해서도 중립적 입장에서 조사·연구 사업을 수행하고 동 티모르(East Timor)에서 선거지원 감시활동을 수행하는 등 국제적 협력활동에도 참여하고, 나아가서 국제평화를 지향하는 평화단체들과의 교류 네트워크를 통하여 그 활동과 협력의 범위를 확대해 나가고 있다.

OPAC는 '일본국제협력기구'(JICA)의 오키나와 지부와 연계하여 인재육성 사업을 수행하고 있으며, 200여개 민간기관·단체들과 교류 네

---

32) OPAC, Peace Wave: Transforming Okinawa's Heart into Action, 2003. 10; OPAC homepage(http://www.opac.or.jp/) 참조.

트워크를 구축하고 있다.

2) 평화 네트워크(Peace Network)

(1) 설립 취지

평화 네트워크는 오키나와 전쟁 및 미군기지 관련 단체 가운데 하나로서, 일본 국내(오키나와를 제외한 일본 본토)에서 미군기지 문제의 실상을 알리고 문제점을 부각시키기 위한 목적으로 1994년에 설립되었다. 평화 네트워크는 "전쟁을 영원히 포기한다."는 조항을 가진 일본의 '平和憲法'을 '地球憲法'으로 확산시키는 운동을 적극 전개하고 있다.

(2) 활동 범위

평화 네트워크는 주로 네 가지 활동을 전개하고 있는데, 그것은 평화가이드 역할 및 양성, 전쟁유적 방문, 기지관련 활동, 그리고 평화학습 활동이다. 평화 네트워크는 대학생들을 대상으로 1년 동안 평화 강좌를 하고 평화가이드(peace guide)를 양성하는 일을 하고 있으며, 학생들의 오키나와 유적지 방문 감상문을 모아 책으로 편찬하는 일도 한다.

현재 평화 네트워크는 헤노꼬(辺野吉) 지역의 미군기지 신설 반대 운동을 여러 단체들과 함께 벌이고 있고, 이른바 일본의 '平和憲法' 개정 저지 운동도 전개하고 있다.

3) 행동하는 여성모임
(Okinawa Women Act Against Military Violence)

(1) 설립 취지

'기지·군대를 허용하지 않는 행동하는 여성의 모임'(Okinawa Women Act Against Military Violence, 이하 "행동하는 여성의 모임")은 1995년 9월 4일 미군 3명에 의한 12세 소녀 성폭행 사건이 일어난 두 달 후인 1995년 11월 8일에 100여명의 오키나와 여성들이 모여서 결성되었다. 이 단체는 1995년 8월 31일부터 9월 10일까지 중국 후아로우에서 열린 제4차 세계여성회의 NGO 포럼에 참석한 오키나와 NGO 대표팀(Okinawa Action Committee) 가운데 일부와 오키나와에서 평화운동이나 여성폭력, 차별문제와 관련된 여성 운동, 리조트개발에 반대하는 환경운동을 펼친 여성들이 주축이 되었다.

'행동하는 여성모임'은 반기지 여성평화운동의 과제를 토지강제접수 반대, 조국복귀 과제로부터 여성의 성폭력 문제로 전환시켰을 뿐만 아니라, 이러한 운동 과제를 통해 오키나와의 다양한 반기지 운동 및 여러 형태의 여성평화운동을 하나로 결집시키는 효과를 가져 왔다. '행동하는 여성모임'의 목적은 會則 제2조에 규정되고 있는데, 제4차 세계여성회의에서 채택된 '여성과 무력분쟁'의 행동강령에 기초하여 구조적 폭력으로서 기지, 군대를 허용하지 않기 위하여 기지의 철거와 군대의 철퇴를 요구하며 무기에 의존하지 않는 평화로운 사회를 건설하는 것이다.[33]

(2) 활동 범위 및 특징

'행동하는 여성모임'의 활동은, 크게 군인 및 군대에 의한 여성 및 아

---

[33] 문소정, "동아시아 맥락에서 본 오키나와 여성평화운동 -「기지·군대를 허용하지 않는 행동하는 여성모임을 중심으로-,"『사회와 역사』제71집, 2006, pp.192-195 참조.

동의 폭력에 대한 반대운동, 오키나와 군대와 기지철거 및 일본의 신군
국주의화에 대한 반대운동, 동아시아 및 글로벌 군사화에 대한 반대운
동으로 이루어져 있다. '행동하는 여성모임'은 2000년 6월 22-25일
"여성과 어린이의 안전을 재확인 한다"라는 제목으로 나하(那覇)시에서
'군사주의에 반대하는 동아시아-미국 여성네트워크'(East Asia-U.S.
Women's Network against Militarism) 제3차 국제회의에서 일본군
위안부 문제를 운동의 과제로 삼기도 하였으며, 2000년 12월 도쿄에서
열린 일왕 히로히토(裕仁)를 비롯한 일본의 국제책임을 묻는 일본군 성
노예에 대한 戰犯 여성국제법정에도 참가하였다.

'행동하는 여성모임'은 또한 1997년 12월 20일 오키나와 반기지 여성
평화운동 단체로서 '마음에 호소하는 여성들의 목소리 네트워크'의 결
성에도 적극적으로 참가한 바 있으며, 국내·외 여성평화운동 단체들
과의 네트워크 구축을 중요한 행동 과제로 규정하여 적극적으로 참여
하고 있다.[34]

'행동하는 여성모임'을 중심으로 한 오키나와 여성평화 운동은 그 특
징으로 1980년대 페미니즘(feminism) 관점과 조우하고 있다는 점을
들 수 있다. 페미니즘 관점이 도입됨으로써 오키나와 여성평화 운동은
여성의 인권과 군대 및 기지, 그리고 가부장제를 구조적·역사적으로
명확하게 연관 지을 수 있었다. 오키나와 여성평화 운동의 또 하나의
특징은 기지문제를 오키나와의 문제로 한정하지 않고, 오키나와 基地
化를 가져 온 국제적 맥락을 발견하고 오키나와 문제를 국제적 문제,
나아가서 국제적 연대운동의 과제로 전환시킨 점이다.

'행동하는 여성모임'은 1996년 제1회 '미국평화도보여행' 활동을 실

---

34) 상계논문, pp.199-202 참조.

시하였다. 이 여행에서 행동하는 여성모임은 오키나와 기지의 현재 상황과 과제, 안전보장과 지위협정, 류큐의 역사, 여성에 대한 미군범죄, 주민운동의 역사 등을 세계에 널리 알린 바 있으며, 1998년 제2회 '미국평화도보여행'을 통하여 그 네트워크를 확장함으로써 현재 샌프란시스코와 로스앤젤레스 두 곳에도 평화 네트워크가 구축되어 있다. 또한 '행동하는 여성모임'은 1997년에는 미군기지가 있는 동아시아 지역의 여성들의 국제네트워크 기구인 '군사주의에 반대하는 동아시아-미국 여성 네트워크'(The East Asia-US Women's Network Against Militarism)를 결성하기도 하였다. [35]

Ⅳ. 맺으며

오키나와가 지향하는 평화의 이념과 평화정책은 대체적으로 오키나와 전투의 증언과 상처 치유라는 과거의 방식에서 벗어나 아시아 태평양 지역의 분쟁해결과 인간 안보 지원사업으로 방향전환을 시도하고 있다. 오키나와는 현청에 평화·남여공동참획과라는 평화사업 관련 부서를 설치하고 '평화의 초석,' '오키나와평화상,' '평화기념자료관 관리운영,' '헌법보급 및 인권옹호계발' 사업 등을 시행하고 있으며, 국제교류과, 기지대책과, 그리고 반환문제대책과를 설치하여 광의의 평화 관련 업무를 추진하고 있다.

오키나와는 국제교류과를 중심으로 아시아·태평양 국제교류거점을

---

35) 문소정, supra note 5, pp.171-177 참조.

지향하는 비전과 발전정책을 추진함과 동시에 오랫동안 현안으로 대두
되어 온 미군기지 문제해결을 위하여 두 개의 과를 지사의 직속으로 설
치하고 있는 것이다. 특히 오키나와는 평화 사업과 함께 외부세계와 다
양한 교류와 협력을 추진하고 있기 때문에 제주도가 추진하고 있는 '세
계평화의 섬' 및 '국제자유도시' 정책 방향과 부합하는 요소가 매우 많다.

남북관계 개선과 동북아 평화 정착을 위한 거점의 역할을 지향하는
제주도의 '세계평화의 섬' 전략은 전통적 의미의 군사안보 차원을 넘어
서는 '공동안보'(common security) 내지 '협력적 안보'(cooperative
security)와 '적극적 평화'(positive peace)를 실현하기 위한 새로운 평
화 paradigm을 요구하고 있다. 새로운 평화 패러다임은 평화를 위한
시민사회의 국제적 연대를 필요로 하며 세계 각국의 평화도시간 네트
워크의 구축을 요구하고 있다.

한반도 평화체제 및 동북아 평화협력의 구축을 위해서는 국가적 차
원의 접근도 물론 중요한 과제가 되겠지만, 무엇보다도 지역 및 지역주
민들의 적극적인 참여와 협력을 바탕으로 이루어지는 지자체 차원의
평화노력, 다시 말하면 '아래로부터의 평화' 구축 노력을 통해 국제적
공감대와 협력을 이끌어낼 수 있는 방안이 모색될 필요가 있다.

제주 '세계평화의 섬' 전략과 마찬가지로 세계 각국의 '평화도시' 프
로젝트는 대체로 그 지정학적 위치와 역사적 경험을 바탕으로 추진되
고 있음을 알 수 있다. 오키나와의 경우, 지정학적 위치와 관련된 '비무
장 평화외교'의 역사와 오키나와 전쟁의 경험을 바탕으로 평화도시로
서의 환경 구축과 이를 토대로 한 국제적 역할 모색을 주된 목적으로
하고 있는 것이다. 이와 같이 평화도시 프로젝트는 전쟁과 집단학살 등
으로 인한 상처를 화해 · 관용 · 평화의 가치로 승화시키려는 시민사회

와 지역주민들의 열망과 의지를 담고 있는 것이다.

'세계평화의 섬'으로 지정된 제주와 '평화도시'를 추구하고 있는 오키나와가 아직 '우호교류'나 '자매결연' 수준의 교류협력이나 평화교류 관계를 성사시키지 못하고 있는 상황은 매우 아쉽다는 생각이 든다. 제주특별자치도와 오키나와현간에는 최소한 우호도시 협정 체결을 통하여 공식적인 관계를 수립하는 한편 민간 평화관련 기관 및 단체 상호간의 활발한 상호 교류를 통하여 평화네트워크가 더욱 공고하게 구축될 필요가 있다고 본다.

오키나와의 평화교육

Ⅰ. 들어가며

오키나와는 제2차 세계대전 당시 치열한 전투가 벌어졌던 오키나와전(沖繩戰)으로 인하여 현민 30% 정도가 희생을 치룬 전쟁터였다. 현재의 오키나와는 본토 복귀 후 전쟁의 상처 치유에 힘을 기울였다고는 하나, 곳곳에 전흔이 남아있고 위령탑이 여기저기 있으며 아직도 많은 미군기지가 주둔하고 있어 지우고 싶어 하는 주민들의 아픈 기억이 여전히 남아있는 상태이다. 또한 최근 들어 문부과학성의 교과서검정에서 오키나와전에 대한 왜곡까지 시도하고 있어 분노와 아픔은 극에 달하고 있는 실정이다.

전후 60년이 지난 지금 전쟁 경험자는 점점 사라져가고 있고 전쟁의 참혹함을 기억하고 있거나 관심을 갖는 사람들도 적어졌다. 이러한 현실 속에서 전쟁의 아픔과 비참함을 잘 모르는 후손들에게 오키나와전의 사실들을 생생하게 알려 이 땅에 전쟁을 다시 일으켜서는 안된다는 교훈을 주기 위한 평화교육이 오키나와뿐만 아니라 전국 각지에서 다양한 방법으로 실시되고 있으며 오키나와전은 평화교육의 한 축을 이

필자 : 이창익(제주대학교 일어일문학과 교수)

루고 있다.

　오키나와의 평화교육[1]은 원폭의 피해를 입었던 히로시마와 나가사키 등과의 평화교육과　큰 차이는 없지만 실제로 격렬한 지상전이 약 3개월 간 벌어졌고 그로 인하여 엄청난 인명 손실이 발생한 곳이어서 전적지 순례나 전쟁체험자의 증언을 중심으로 이루어지고 있다. 현외에서의 수학여행도 이러한 평화학습을 목적으로 하여 이루어지고 있다. 그러나 이와 같은 평화교육도 시대 흐름에 맞춰나가야 한다는 목소리와 함께 수용자들의 무관심으로 큰 효과를 거두지 못하고 있는 것이 사실이다. 이 장에서는 오키나와 평화교육의 실태와 방향을 중심으로 문제점과 미래를 생각하고 현재 평화학습에서 이용되고 있는 여러 자료들을 소개하기로 한다.

II. 오키나와전과 교과서 왜곡

　2007년 3월 말에 실시된 교과서검정 결과, 언론은 일제히 오키나와전의 집단자결 기술 부분에서 일본군 관여가 삭제되었다고 보도했다. 일본에서 유일하게 지상 전투가 벌어졌던 오키나와전에 군민이 일체가 되어 전투에 참가했고 부자간에 집단 자결한 '전의앙양' 의식을 본토국

---

1) 오키나와현 교육위원회는 1993년 유치원에서 고등학교까지를 대상으로 하여 '오키나와현은 세계를 향해 평화의 소중함을 어필할 사명이 있다'는 취지의 「평화교육지도수첩」(平和教育指導の手引き)을 처음으로 만들어 배포하였다. 오키나와 사람들의 기억에서 지울 수도, 지워지지도 않고 생각조차하기 싫은 참혹했던 오키나와전을 배우는 것은 초등학교 3학년부터이다. 6학년 사회과목에서는 체험자로부터 청취조사, 고등학교 지리와 역사과목에서는 류큐왕국시대까지 거슬러 올라가 근현대사시간에 그룹발표한다는 안이 제시되고 있다.

민은 배우라고 하면서도 주민의 집단자결에 군의 명령은 없었다는 논조였다. 오키나와 주민들은 정부가 오키나와전에 대한 역사왜곡을 시도하고 있다고 판단하여 9월 말에는 11만명 이상이 모인 군중집회에서 이에 대한 규탄과 함께 즉각적인 시정을 요구하기에 이르렀다. 급기야 수상이 나서서 검정에 대한 재검토를 약속하고 저자들도 시정을 약속하여 사태는 수습국면에 들어가고 있지만 주민들의 분노는 쉽게 가라앉지 않고 있다. 왜냐하면 오키나와전은 지금도 현민들의 가장 큰 아픔이자 상처이기 때문이다.

오키나와전은 태평양전쟁 말기인 1945년 3월 26일 오키나와에 상륙한 미군과 일본군 간의 전투로 민간인까지 끌어들인 일본국내 최대 규모의 지상전이었고 동년 6월 23일까지 미국과 일본이 벌인 최후의 조직적 전투였다.

3개월 정도나 계속된 오키나와전을 통하여 주민들은 본토 국민이 체험한 적이 없는 '군대는 주민을 지키기는커녕 군사(軍事)를 우선한 결과 주민을 직접 살해하거나 죽음으로 몰아넣었다'는 교훈을 얻게 되었다. 이러한 사실이 있었음에도 불구하고 정부와 오키나와 주민들 간의 결정적인 인식의 차이는 정부나 본토에서 일반적으로 이해하는 집단자결은 황민화교육, 군국주의교육의 결과 군민일체의 발로로서 '순국사'(자신의 의지에 따른 죽음)했다는 인식인데 반해, 오키나와전 체험자는 미군에 대한 극도의 공포심과 함께 절대로 적에게 투항하는 것을 허용하지 않는 일본군들이 언제나 "적에게 붙잡히기 전에 함께 죽는 편이 좋다"는 식으로 협박하여 죽음에 내몰렸다고 인식하고 있다. 비자발적 자살행위였음에도 불구하고 오키나와전을 미화하고 책임회피를 위한 정부와 본토위주의 이해와 인식이 지배하는 상황에서 교과서 왜곡이

자연스럽게 이루어졌음을 말하고 있다. 이것들은 무지에서 비롯된 사건이 아니라 오키나와인의 정서에 대한 이해부족과 당시 상황에 대한 은폐의 결과라 할 수 있다.

III. 오키나와의 평화교육 실태

1. 오키나와 평화교육의 양상

이론적·주직적으로 평화교육이 학교현장에 채용된 것은 본투보다 꽤 늦은 60년대 이후부터의 일이다. 오키나와에서 평화교육이라 함은 현내의 교육실천과제로서의 평화교육과 현외에서 방문하는 수학여행(평화학습여행)등 크게 둘로 나눌 수 있다.

실제 전투가 벌어졌던 전적지를 방문하여 비참한 전쟁체험을 느끼게 할 수 있는 곳은 일본에서 오키나와 밖에 없다. 또한 현 전역에 걸쳐 미군기지가 주둔해 있는 곳도 오키나와뿐이다[2]. 전쟁이 끝나 60여년이 지난 지금도 전쟁 아닌 전쟁의 그림자가 항상 드리워져 있는 곳이 오키나와이다. 이러한 역사적·주변적 환경으로 인하여 어느 지역보다도 평화의 소중함을 주민스스로 인식하게 하였고 평화를 상징하는 성역으로 거듭 태어나게 하였다. 그러기에 반전과 미군기지 철수 등으로 활동하는 평화단체만도 수십여 개가 자연적으로 만들어졌고 지역뿐만이

---

2) 1986년부터 '전적지·기지안내인 양성강좌'를 마련하고 1987년에는 「평화가이드회」가 결성되었다. 현재는 「오키나와평화네트워크」라는 명칭으로 바뀌 회원수 약 150명을 두고 있으며 전적지·기지가이드, 학습회, 강연회, 전적지 조사가 일상적으로 빈번하게 이루어지고 있다.

아닌 전국적인 활동을 계속해 나가고 있다. 이들 단체들의 규모는 그리 크지 않다. 상근 직원은 한두 명에 불과하지만 자발적으로 참여하고 있는 회원들과 의욕적인 평화활동을 계속해 나가고 있다. 자체적인 평화학습은 물론 대외적으로 워크숍개최 등을 통한 평화활동이 활발하다.

이와 같은 NGO혹은 NPO에 의한 평화학습뿐만 아니라 오키나와 전역에 걸쳐 만들어진 각종 기념관이나 학교 등에서의 평화교육도 활발하다. 학교는 여러 기념관에 비해서는 규모나 실적 면에서는 저조하나 학교에 따라서는 체계적인 학습안을 만들어 학생들을 대상으로 평화교육을 실시하고 있다. 예를 들면 오키나와교직원회(이후 교직원회)에서는 걷는 평화교육을 표방하고 있다. 지역을 걷다보면 걷는 곳이 거의 전적지이고 전적지를 걷다보면 또한 기지문제가 걸려있어 미군기지 문제와 오키나와전 체험은 순환구조를 이루게 된다. 그래서 이들을 연관시켜 다양한 방법으로 가르치고 있다.

교직원회가 생각하는 평화교육의 규범 방침은 첫째, 오키나와전으로 가르치고 둘째, 미군기지로 가르치며 셋째, 민족적 문제(복귀문제)와 관련시켜 가르친다는 3가지 방침을 정했다. 이 방침을 바탕으로 오키나와의 평화교육은 60년대에서 70년대에 걸쳐 큰 진전을 이루었다. 구체적인 내용의 한 예를 들어보면

① 일제특설수업(一齊特設受業)

교직원회 제창으로 류큐정부 문교국의 협력을 얻어 시작되었다. 히로시마와 더불어 가장 오래되었고 내용도 다채롭고 충실한 실천 예이다.

② 개별적 실천활동

미군지배하의 모든 운동과 관련지어 교사가 자주적으로 창의적 연구

를 통하여 실천해 왔다. 교과의 자주편성, 생활지도, 작문지도 독서지도 등을 통하여 「지역에 뿌리내린 교육」 속에서 평화문제를 생각해 간다.

③ 학교행사에서 시행

수학여행, 문화제, 학습발표회 등에서 오키나와전과 기지문제를 적극적으로 다룬다.

④ 전적지 · 기지탐방

매년 「6 · 23위령의 날」 전에 교직원회 등의 주최로 행사를 개최한다.

⑤ 체험기록 활동

6 · 23특설수업의 일환으로 부모와 조부모의 전쟁체험을 청취하여 기록하고 문집을 만든다.

⑥ 영화 · 연극 · 독서활동

오키나와전에 관한 도서, 기록영화와 극영화, 텔레비전 작품, 연극 작품은 많이 제작되어 있고 학교 도서관 등에서 이들 작품을 다룬 독서회나 자료전, 전교 감상회 등이 개최되고 있다.

오키나와현 교육위원회에서 발간한 2004년의 보고서에 따르면 "정보화 · 국제화 등의 진전은 금후 한층 확대되고 가속화될 것으로 예상되므로 21세기를 살아가는 유아 · 아동 · 학생의 국제적 감각을 배양하고 세계평화를 사랑하고 희구할 어린 인재를 육성하는 일은 중요하다. 이를 위해 우리 현의 특성을 고려하여 평화교육을 각 학교의 교육계획에 넣어 학교 교육활동 전체를 통해 계획적이고 조직적이며 계속적으로 추진할 필요가 있다"라고 되어 있어 평화교육의 체계적 학습의 필요성을 강조하고 있다.

2. 오키나와가 추구하는 평화교육 방법

각급학교와 사회단체 등에서 자체적 평화학습을 실시하고 있고 각기 다른 방법의 학습법으로 효과의 극대화를 꾀하고 있다.

1) 위령의 날(6월 23일)의 평화학습(중학교)

학년마다 다른 실천을 고정화시킴으로서 학생스스로의 평화교육단계의 심화를 꾀하고 있다. 이를 통해 평화교육의 지속가능성을 높이고 내용적으로도 학년의 발달 단계가 배려되어 있어 학생이 전쟁과 평화에 대해 생각할 대상을 보다 알기 쉽고 실감나게 느끼면서 학습하는 것이 특색이다. 예를 들면 평화교육관련 대상지와 가까운 곳에서는 그곳 자체가 전쟁터라는 역사적 사실을 평화학습과 연관시켜 공부하는 것 등이다.

1학년 「반디불 묘(火垂るの墓)[3]」 비디오 감상

2학년 「히메유리평화기념자료관」 조사학습[4]

3학년 전쟁당시의 체험과 전쟁 경험자로부터 증언 청취

---

3) 1945년의 효고현 고베시 근교를 무대로 한 소설. 아버지를 잃은 남매가 종전 전후의 혼란한 와중에서 필사적으로 살아남으려 하였지만 결국은 비극적인 죽음을 맞이하였다는 내용이다. 제58회 나오키상을 수상하였고 그 후 문예춘추사에서 단행본으로 출판되었으며 애니메이션으로 만들어져 큰 반향을 일으켰다.

4) 자료관에서 조사활동과 체험자로부터 생생한 당시의 목소리를 듣는 체험학습을 통하여 전쟁의 비참함과 전쟁이 다시 일어나면 안된다는 생각을 가지게 한다. 또한 왜 오키나와가 전쟁터가 되어야 했으며 그 전쟁에서 비참하게 희생된 히메유리학생대에 대한 여러 가지 조사도 함께 한다.

2) 학교행사와 평화학습(중학교)

학교행사는 종합적 평화학습을 진행시키는데 좋은 기회가 되고 3년에 한번 이루어지는 문화제는 특히 다양한 활동의 종합적 요소가 강하기 때문에 큰 효과를 거둘 수 있다. 그러므로 문화제가 오키나와전과 관련시켜 평화교육의 장으로 활용하는 의미는 크다. 학급단위의 '학급전시'[5]나 전교 규모의 평화학습 실천[6]을 한다.

3) 대학에서의 평화학습(대학교육)

교직과목과 공통과목에 평화관련 강의를 설치하여 다각적인 평화교육을 실시하고 평화교육을 실시할 전문 인력을 양성한다. 교직과목인 「교직종합연습」에서는 다음과 같은 목표로 강의하고 있다.

(1) 학습과 연구측면

· 오키나와전을 통한 전쟁의 실상을 파악하고 진정한 평화창조의 인식을 기른다.
· 종합적 학습방법을 알고 평화교육에 활용할 능력을 기른다.

(2) 지도와 교수측면(가르침)

· 종합적 학습에서 실천적 방법에 대한 능력을 향상시킨다.

---

5) 감상문이나 오키나와전 당시의 생활상 등을 각 그룹별로 나누어 조사하고 전시한다.
6) 학교전체의 큰 주제를 직원회의에서 결정하고 학년별 학급별 과제를 배당하여 다양한 전시활동과 조사활동 등을 한다.

③ 활동과 운동측면(행동)

· 전쟁의 실상을 파악하고 평화창조 활동을 전개하는 태도를 기른다.
이를 통하여 학생들로부터 보고서나 소논문, 강의감상 등을 통하여
교육효과와 의미를 확인할 수 있는 계기를 만들어 나갈 수 있다.

공통과목인 「전쟁과 문학」에서는 문학과 전쟁과의 관계나 오키나
와전과 문학, 원폭과 문학 등의 주제를 가지고 강의를 진행한다. 학
생들은 소논문과 강의 감상을 통하여 문학적 차원의 오키나와전을 이
해할 수 있는 계기를 만든다.

오키나와본도 북부의 전적지 등에 대한 가이드연구를 하는 류큐대학생들

4) 사회견학과 평화학습(고등학교 2학년)

사회견학의 중요지역으로서 기노완시의 가카즈다카다이(嘉數高台)7)
를 넣는다. 그곳에서 보이는 미군기지인 「후텐마 비행장」과 요미탄촌
의 해안일대, 다카다이에 있는 전적지와 위령탑(京都之塔 외)은 오키

---

7) 제2차 세계대전 중에 작전명칭 제70고지로 명명되어 후지오카 중장이 이끄는 제62
사단 독립혼성여단 제13대대 하라 대좌의 진두지휘 하에 약 1천명의 장병과 약 1천
명의 방위대로 편성된 정예부대가 미군과 치열한 전투를 벌였던 지역이다. 작전상
자연적 요새로 진지 구축이 이루어졌기 때문에 16일간 사투가 전개되어 미군과 일본
군 모두 막대한 인명피해를 입었던 곳이다.

나와의 과거와 현재가 보이는 언덕으로 평화학습의 포인트라고 할 수 있다. 후텐마 비행장에 대해서는 「미일안보조약」에 의해 배치된 미군기지에 대한 규모와 기능 등에 대한 공부를 한다. 또한 주변을 둘러싼 주택과 학교들에도 관심을 가진다.

다카다이는 오키나와전의 최대 격전지로 미군과 전투가 벌어진 곳이다. 진지터와 위령탑이 있고 학생들은 그것들을 통하여 학습한다. 또한 다카타이에서 보이는 동지나해에 면한 요미탄 해안은 '오키나와전'때 미군이 상륙한 지점이다.

위령탑에서는 「교토탑」[8]에서 볼 수 있듯이 오키나와 주민에게 미친 오키나와전의 성격을 학습한다. 그리고 「세이큐탑(靑丘之塔)」[9]에서는 오키나와전에서의 일본과 한반도와의 관계를 학습한다.

5) PTA활동과 평화학습(성인대상)

성인 대상의 평화학습이다. 학부모를 대상으로 하거나 지도 당사자인 교사들의 학습에 대한 질적 향상을 도모하기 위하여 시도하는 학습이다. 위령탑, 가마, 미군기지 등을 둘러본다. 현 시점에서 교사자신이 전쟁을 체험한 사람은 아무도 없다. 교사는 지금까지 듣고 보았던 내용들을 통하여 간접체험을 많이 하였고 이를 활용하여 오키나와전의 실상을 보다 정확하게 학생들에게 전달해야 한다.

---

8) 오키나와에 산재된 여러 탑에는 평화를 기원하거나 전쟁의 비참함을 기록하는 내용이 들어있지만 이 탑은 교토와 오키나와의 문화와 우호가 돈독해지기를 기원하는 내용이 들어있다. '평화'라는 문자는 들어가 있지 않지만 평화에 대한 메시지가 강하게 내재되어 있다.

9) 한국출신자 386명을 추모하는 탑.

한편 PTA에서는 전적지를 피부로 느끼면서 연수하고 지역에서의 평화학습의 지원자로서 역할을 담당하게 한다.

6) 종합적 학습(고등학교)

평화를 테마로 하여 스스로 과제를 선택하고 학습, 사고, 주체적 판단을 통하여 보다 나은 문제해결 능력을 기르게 한다. 평화에 대한 문제해결과 탐구활동에 주체적, 창조적인 태도로 임하고 자기의 존재, 삶의 가치를 생각할 수 있도록 하며 남부의 전적지를 방문하여 전쟁의 비참함과 인명의 소중함을 재인식하고 평화로운 세계를 창조할 힘과 역사인식을 기른다.

7) 어린이들의 평화학습(어린이)

견학과 참고교재, 청취등을 통하여 전쟁과 평화를 어떻게 생각하는지에 대한 감상문을 쓰게 한다.

8) 수학여행과 평화학습(수학여행단)

타 지역 고등학교학생들이 오키나와로 와서 직접 오키나와전에 대하여 생각할 수 있는 기회를 갖도록 한다. 히메유리평화기념자료관을 비롯하여 전적지, 미군기지 등을 돌며 평화의 소중함을 일깨우게 한다.

9) 지역의 평화학습(지역주민)

지역주민들을 대상으로 유사법제학습회나 증언 등을 통하여 실상을 정확하게 알고 알림으로서 전쟁의 비참함과 동시에 전쟁 재발방지를 위한 노력을 할 수 있도록 한다.

10) 교재와 평화학습(전 주민)

단어 하나하나에 집중하고 원폭과 전쟁의 비참함 등을 통하여 평화학습을 실천한다.

3. 오키나와 평화교육의 특징

오키나와의 평화교육의 특징은 다음과 같이 5가지로 나눌 수 있다.

(1) 오키나와 현민의 오키나와전 체험
(2) 전쟁전의 황민화(皇民化)교육, 군국주의 교육에 대한 심각한 반성
(3) 일본본토복귀운동 관련 문제
(4) 기지문제관련 문제
(5) 오키나와 독자의 역사와 문화와의 관계

위와 같은 다섯 가지 문제 전반에 걸쳐 학생들뿐만 아니라 지역주민, 본토인들에게 오키나와의 현실을 알리고 평화가치를 높일 수 있도록 교육을 실시한다. 교육적 효과를 높이기 위하여 여러 전시나 강연 등을 통하여 자연스럽게 접근할 수 있도록 배려한다.

4. 평화교육의 구체적 사례

오키나와현 교육위원회에 따르면 매년 위령일 전에 현내의 모든 공립 초·중·고등학교에서 특활시간을 이용하여 평화교육을 실시하고 있다. 그러나 자주적 평화교육을 실시하는 곳은 극히 드물고 영화를 보거나 강연을 듣는 일 등에 그치고 있으며 감상문을 쓰게 하는 시간을 갖는 곳도 있다. 특히 매년 6월 23일 전후에 평화관련 집회는 열리고 있지만 '전쟁학습'을 '평화학습'으로 시행하는 경향이 강한 듯하다. 그러한 움직임 가운데에서 요미탄고등학교나 마카베초등학교는 적극적인 평화학습 활동을 통하여 학생들에게 평화의식을 고취시키고 있다.

1) 현립 요미탄고등학교 사례

"「싫어, 안돼. 절대 살 수 있다고 하지 않았어? 죽고 싶지 않아. 죽고 싶지 않아」 수류탄 핀을 뽑은 여학생에게 동급생이 애원한다. 그러나 밖에서는 「나와, 무기 버려」라고 미군 병사의 목소리가 가까이 다가온다. 「온다, 와, 죽겠지」 여학생이 수류탄을 잡는다."

요미탄고등학교 학생들이 공연한 연극의 한 내용이다. 전몰자의 넋을 기리는 「오키나와 위령일」 전날인 6월 22일, 현립 요미탄고등학교가 인근 마을인 가데나문화센터(가데나정)에서 실시한 「6·23평화특설수업」이다. 3학년 52명이 창작극 「전하고 싶은 생각」을 상연했다. 오키나와전에서 학도동원에 의해 집단자결의 길에 몰린 히메유리여학생들을 그리고 있다. 요미탄고등학교에서는 이렇듯 학생들이 연극에 직접 출연하여 교내뿐만 아니라 교외의 출장 공연도 빈번하게 실시하고 있다. 이 연극을 통하여 또 하나의 새로운 전쟁 증언자를 다시금 만드는 셈이다.

연극 외에 요미탄고등학교의 특설수업은 시낭송, 합창, 창작댄스가
있다. 출연은 모두 학생들이고 자신이 스스로 선택하였으며 5월 중순
부터 방과 후에 연습을 계속한다. 적어도 20년 이상 지속되고 있고 「전
하고 싶은 생각」은 전통극이다. 출연자나 지도교사는 전쟁체험은 없어
도 사람들에게 메시지를 전달하고 싶다는 생각에서 공연을 시작하였고
큰 반향을 불러일으키고 있다.

2) 마카베초등학교 사례

오키나와현 남부에 위치한 이도만시 마카베초등학교(眞壁小學校)
에서는 모든 교과와 일상생활에 평화학습을 집어넣고 있다. 헤세이(平
成)12-14(2000-2002)년도 까지 3년간 이 학교에서는 평화교육 연구
가 추진되었다. 연구결과 「5개의 평화관(平和觀)」을 마련하였다.

① 자연을 소중히 한다

② 꿈과 희망을 갖는다

③ 아름다운 마음을 갖는다

④ 생명을 소중히 생각한다

⑤ 인권을 존중한다

이 평화관을 토대로 하여 많은 것들을 일상생활에 적용했다고 한다.
예를 들어 인사를 하면 종이학을 한개 접는다든가, 다음 사람을 위해
화장실의 슬리퍼를 잘 정리한다는 따위 등의 일이다. 평화 월간에는 6
학년이 중심이 되어 평화교육을 진행한다. 오키나와전에 대한 판넬 전
시를 하고 지역의 공원이나 전적지를 청소하며 평화집회를 6학년이 운
영한다. 이에 따라 1학년은 6학년을 자연스럽게 따르게 되고 6학년도

저학년이 모두 따른다는 생각에 더 신경을 쓰고 더욱더 잘해야 한다는 생각을 갖는 등 모든 행위가 순기능적 역할을 하고 있다. 또한 평화집회에서는 모두가 노래하고 작문을 발표하거나 오키나와전에 관한 청취조사를 통하여 만든 연극을 하기도 한다. 이 연극은 6학년들이 초등학교 생활을 마무리하는 것과 같은 것으로 학생들의 할아버지와 할머니 등 나이가 많은 가족들을 초청하여 공연한다. 또한 청취조사는 가까운 사람들로부터 이야기를 듣는 것이므로 어린이들 마음에 보다 큰 영향을 끼치고 있는 듯하여 학습효과가 꽤 높다.

"왜 일상에서 평화학습을 하는 것인가"라는 질문에 대해 이전의 평화교육은 '전쟁에 관한 것'이었는데 전쟁만을 대상으로 평화교육을 하면 아이들은 진저리를 칠 것이고 평화교육에 대한 열의도 떨어진다. 그래서 일상생활 속의 가까운 것부터 평화학습을 하게 되면 전쟁에 대한 설명도 별 무리없이 함께 할 수 있다는 전략이 숨어있는 것이다.

"그럼 일상에서 평화학습을 하게 되었던 것은 전쟁학습에서 발전된 것인가"라고 묻는다면 그 대답은 전쟁학습으로부터의 '발전'이 아닌 오히려 '병행'이라고 할 수 있다. '전쟁'에 대한 것이나 '이지메'에 대한 것 등 모두에게 적용되는 것이다. 평화에 관한 생각은 여러 장면에 있고 모두가 똑같이 평화학습이라고 말할 수 있다.

그리고 "선생의 입장에서 전쟁을 어떻게 받아들이고 있는가. 평화학습을 어떻게 생각하고 있는가"고 묻는다면 아주 많은 사람, 특히 지역민들이 죽은 전쟁이나 인간을 이상하게 만든 비참한 전쟁을 아이들에게 전해야만 한다. 그러나 전쟁에 한해서 말한다면 평화학습에 대한 의욕이 약해진다. 그래서 '전쟁상태가 아닌 것'이 즉 '평화'가 아니라 일상생활 속에서 평화를 적용함으로서 전쟁에도 눈을 돌리게 한다. 이와 같은 학습이 필요하다는 생각하에 교육을 진행시키고 있다.

마카베초등학교의 실천에서 확인할 수 있는 것은 평화학습을 전쟁학습에 한정시키는 것이 아닌 일상생활의 한 방편으로 평화를 생각하게 하는 자세이다.

Ⅳ. 현행 평화교육의 문제점과 논쟁

오키나와의 평화교육은 지금 풍화가 진행되고 현장은 고민스러워하고 있다. 태평양전쟁 말기 오키나와전에 있었던 주민들의 집단 자결을 둘러싸고 문부과학성의 검정 의견으로 일본군 관여 기술이 삭제된 교과서검정 문제는 현의회를 포함한 오키나와현 내의 전 42개의 의회가 검정의견 철회를 요구하는 의견서를 가결하고 전도에서 국가에 항의신청을 하게 되었다. 증언자가 적어지는 가운데 언젠가는 다시 오키나와 역사가 바뀌는 것은 아닐까 하는 위기감이 그 배경에 있다. 단 오키나와에서도 전쟁체험의 풍화는 계속되고 학교의 평화교육에 곤혹스러워하는 목소리도 있다. 수학여행을 통한 평화교육의 문제점이 드러나고 있고 지나친 전쟁의 참혹함을 강조한 나머지 오히려 역효과를 우려하는 목소리들이 나오고 있다.

1. 수학여행을 통한 평화학습과 반성

태평양전쟁이 끝난 지 60여년이 지났고 전쟁을 경험하지 못한 세대가 약 70% 이상이 된 현대사회에서 평화학습이 주된 목적으로 오키나와에서의 수학여행을 통한 학습이 진행되고 있다. 수학여행을 온 학생 대다수는 평화학습보다 바다를 즐기고 있다. 그러나 여행 후는 "즐겁게 지냈다고 생각하지만 그것만으로는 끝나지 않게 된 여행이었다"라든가 "몹시 많은 생각을 하게 한 여행이었다. 잊을 수 없을 것 같다"는 감상을 남기기도 한다. '일본에서 유일한 지상전을 치른 오키나와'에 대해 학생들은 꽤나 강한 인상을 가슴속에 새겼을 터이고 그들이 '전쟁과 평화'에 관하여 마음의 문을 여는 계기의 하나가 되고 있다. 오키나와의 수학여행은 히메유리학생대 몇 사람을 만나 직접 들은 이야기를 통해 전쟁의 참혹함, 기지문제와 오키나와현민의 생활 등 여러 '오키나와의 과거, 현재, 그리고 미래'가 수학여행을 통해 배울 수 있는 기회가 되고 있다. 그러나 학생들에게 억지로 보여준 면도 없지 않다는 반성도 있다. 전적지 방문과 기지문제에 대한 설명은 단지 전쟁의 참혹함에 대한 구호만으로 그치고 있을 가능성이 있으며 그 구호만으로는 진정한 평화교육이 실현될 수 없다는 것이 고민거리이다. 수학여행을 통하여 이제부터 해야 할 평화에 대한 노력이 '학문의 힘에 의한 평화사회의 창조'라는 생각을 일상생활 속에서 생활화해야한다는 것을 인식시켜주는 것이 필요하다고 할 것이다.

다시 말하면 수학여행을 통한 평화교육에서 '전쟁과 평화'라는 관점에서만 설명할 것이 아니라 '마음의 문제이고 마음의 교육'임을 고취시키는 것이 중요하다. 현행 평화교육이 이런 점에서 부족함을 느끼고 있고 이에 대한 패러다임의 전환이 필요한 시점이다. 특히 수학여행에 참가한 학생들이 '오키나와전'뿐만 아니라 '전쟁과 평화'라는 관점에서 일본뿐만이 아니라 세계의 과거, 현재, 미래에 대해서도 눈과 귀를 기울여 갈 수 있는 글로벌한 자세를 배양해야 나갈 수 있도록 체계적이고 개방적 자세가 필요하다.

이것보다 더 중요한 것은 도쿄의 사립 와코초등학교처럼 수학여행 전에 학습을 통하여 진정한 평화학습이 되는 기반을 마련하는 것이 좋다. 오키나와 수학여행단 학생수는 97년에 21만명이었지만 06년에는 44만명으로 갑절이나 증가했다. 이 학교에서는 87년부터 매년 가을 오키나와를 방문하고 있는데 3박 4일 일정으로 미군기지 시찰과 전적지를 방문하는 외에 오키나와전 체험자의 증언을 듣는다. 6학년 학생들은 수학여행에 가기 전에 봄부터 '오키나와'를 배운다. 자연과 역사뿐만 아니라 전통무용을 배우고 오키나와 요리를 만드는 등 사전학습을 한다. 이러한 적극적인 사전학습이 수학여행의 목적을 100% 달성할 수 있고 이러한 사전학습이 평화교육의 극대화를 꾀할 수 있는 실례이다.

2. 지나친 전쟁교육에 의한 평화교육의 잔혹함 그리고 은폐

요미우리신문의 사설 「평화교육, 이념과 방법 수정이 필요하다」에서는 현행 평화교육 문제점의 한 예로서 「오키나와에서는 참혹한 사진 때문에 아이들이 인간불신에 빠질 위험에 처했다는 내용의 평화교육지침서를 오키나와현 교육위원외가 펴냈다」는 내용에 공감하고 있다.

평화교육용으로 전시된 사진 대부분이 엽기적 인상을 준다는 것인데 이는 오키나와에서만 볼 수 있는 것은 아니다. 이 글에서는 고등학생 이상이 관람한다면 별 문제가 없겠지만 중학생 이하가 보는 것은 실제적으로는 심리적 공포를 줄 뿐이라고 단정했다.

이러한 지적에 일리가 없는 것은 아니지만 알권리나 볼권리를 나이로 제한한다는 것도 이해하기 어려운 측면이 있다. 진정한 평화교육이 실현되기 위해서는 기본적으로 진실한 태도로 임해야 설득력을 얻을 수 있고 진정한 평화추구가 가능하다. 이를 토대로 진실을 은폐하고 사실을 왜곡시킬 가능성도 대두된다. 엄연한 사실임에도 불구하고 「사진=사실」이라는 등식에 동의하지 않고 '편집할 가능성'에 무게를 두고 평화교육에 전시자료 도입을 없애자는 주장은 평화교육의 의미를 퇴색시킬 가능성마저 대두되고 있다. 이러한 소모적 논쟁이 오키나와 평화교육의 현실이다.

3. 가르치는 인재의 한정과 무관심

평화교육의 기획은 특활 담당 젊은 교사에게 맡겨지는 일이 많다. 오키나와전에 대한 일정한 지식은 있어도 학생들에게 가르칠 때는 곤란한 일이 많이 생겨난다. 강연이나 영화감상이 많은 이유를 "일에 밀려 평화교육에 전념할 여유가 없다"고 말하고 있는데 평화교육이 경시되는 한 원인이기도 하다. 전쟁 경험자인 교사가 없는 것도 이유가 되겠지만 평화교육 자체에 대한 관심이 절대적으로 부족한 실정이다.

4. 학생의 지식부족과 무관심

오키나와전에서 일본군이 항복문서에 조인하고 공식적으로 종결한 날에 대한 정답률은 고작 6%로 집계되었다. 이처럼 학생들이 오키나와전에 대한 지식부족도 심각한 상태이다. 전쟁의 비참함만을 알릴 것이 아니라 정확한 지식을 전달한 노력이 필요하고 가르치는 방법에서 흥미를 유발시킬 수 있는 교재개발과 연구자료 확보가 중요하다.

V. 평화교육의 미래

1. 평화교육 전문인력 양성

2005년 국세조사에서 종전 당시 10대 이상이었던 세대는 1160만명 (인구 9.1%). 10년간 650만명 이상 줄었다. 이러한 통계는 전국적으로 도 전쟁 경험자의 증언을 들을 기회는 드물어져가고 있다는 반증 자료 이기도 하다. 지상전이 치열했던 오키나와에서는 당시 현민 약 59만명 중 94,000명(현 조사자료)이 사망했다. 그러나 그 오키나와전도 경험 자의 감소와 함께 발신자의 세대교체가 진행되고 있다. 수학여행 방문 지로서 인기가 높은 「히메유리평화기념자료관」에서는 히메유리학생대 생존자 15명이 관내에서 체험담을 이야기하고 있다. 89년 개관 당시는 27명이었지만 사망하거나 병약하여 나오지 못하는 사람이 많아 감소해 왔다. 활동 중인 15명도 78-82세로 고령화가 진행되고 있다.

이러한 현실 때문에 이곳에서는 대학원에서 히메유리학생대를 연구해 온 20대 여성 직원을 채용하였다. 이 직원은 생존자 이야기를 듣는 등의 공부를 하여 체험자에 준하는 설명 안내원으로서 활동을 개시했다.

오키나와평화기념자료관도 최근 3년간 약 100명의 자원봉사자를 양성 했다. 오키나와전 체험자는 10% 정도이고 거의 전후세대이기 때문이다.

이러한 자료관뿐만 아니라 류큐대학 등에서는 오키나와전과 기지문 제를 다룰 전문가 양성을 하고 있다. 이들은 전쟁경험자의 구술 등을 녹취하여 자료로 활용하고 있고 수학여행단 등에 기지안내를 전담하고 있어 이러한 전문인력 양성이 미래의 평화교육에 대한 성패를 담당할 요소이다.

2. 평화학습 자료관의 적극적 활용

오키나와 전역에 걸쳐 많은 기념관과 학습자료관 등이 있는데 이를 통한 자연적이고 구체적인 평화학습활동이 전개되어 상당한 효과를 거두고 있다. 앞으로도 객관적 자료를 통한 평화교육이 힘을 발휘하게 되고 그러기 위해서는 보다 더 구체적이고 많은 자료들을 확보해야 한다.

1) 북부지역

○누치두타카라의 집(ヌチ ドゥ タカラ の 家)

http://www.iejima.org/ieson/index.php?oid=41&dtype=1000&pid=100

전쟁중의 생활용품과 유품, 미군의 총탄 등 전쟁을 기록한 반전평화 자료관이다. 전쟁의 아픈 체험을 살려 평화를 기원하기 위하여 설립하였다. 주치두카라란 '생명은 보석'이라는 의미이다.

〒905-0505　伊江村東江前 23004

Tel. 0980-49-3047　　Fax. 0980-49-0000

2) 중부지역

○우루마시립이시가와역사민족자료관(うるま市立石川歴史民族資料館)

http://www.ocvb.or.jp/card/ja/0020100300.html

전후 초의 초등학교, 미군복 등 오키나와 전후의 출발점이었던 이시가와시만 할 수 있는 전시와 전전부터 사용해왔던 생활 용구, 의류, 장례도구, 민속예능 등의 민속자료 전시가 되어 있다.

〒904-1106　うるま市石川曙2-1-55番地

Tel. 098-965-3866　　Fax. 098-965-0000

○오키나와시립향토박물관(沖縄市立郷土博物館)

http://okinawa-lib.city.okinawa.okinawa.jp/lib/Hakubutu/Hakubutu1.htm

다양한 향토자료가 전시된 가운데 오키
나와전에 관한 사진 등이 전시되어 있다.

〒904-0031

沖縄市字上地235番地の3

Tel. 098-932-6882

Fax. 098-932-0000

오키나와시립향토박물관 전경

○사키마미술관(佐喜眞美術館)

http://sakima.art.museum

오키나와전에 대한 그림 등이 상설전시 되어있다.

〒901-2204   宜野湾市上原358

Tel. 098-893-5737   Fax. 098-893-0000

사키마미술관 외부전경 및 전시실

3) 남부지역

○구 해군사령부(旧海軍司令部)

http://www.cc.matsuyama-u.ac.jp/~tamura/kaigunngou.htm

전쟁 중 사령관을 비롯한 병사 약 4,000명이 최후를 맞이한 곳이다.
지하자료관에 군인들의 유품과 자료 등을 전시하고 있다.

〒901-0241　豊見城村字豊見城236番地

Tel. 098-850-4055　Fax. 098-850-0000

구 해군사령부

○하에바루문화센터(南風原町立南風原文化センター)

http://gpzagogo.s8.xrea.com/haebarubunkacenter.html

가마 등을 전시하고 군인들의 유류품 등이 전시되어 있다.

〒901-1111　南風原町字兼城716番地

Tel. 098-889-7399　Fax. 098-889-0000

하에바루문화센터 상설전시장

○ 히메유리평화기념자료관(ひめゆり平和祈念資料館)

http://www.himeyuri.or.jp/establish.html

미군에 의한 오키나와 상륙작전이 시작된 1945년 3월 23일 밤, 오키나와사범학교 여자부·오키나와현립 제1고등여학교 학생 222명, 교사 18명이 하에바루 오키나와육군병원에 배속되었다. 미군과의 전쟁 중 학생들은 부상병의 치료, 취사, 사체 정리 등을 하였는데 그 후 남부로 이동하던 중 136명이 사망하게 되었는데 그들의 희생을 위로하고 전쟁을 되풀이하지 않기 위한 교육의 장으로 만들어졌다. 그들에 대한 각종 자료가 전시되어 있다.

〒901-0344　糸滿市字伊原671-1

Tel. 098-997-2100　Fax. 098-997-0000

히메유리평화기념자료관 정문

○ 오키나와현평화기념자료관(沖縄県平和祈念資料館)

http://www.peace-museum.pref.okinawa.jp/access/index.html

오키나와전에 희생된 많은 영령들을 위로하고 전쟁의 역사적 교훈을 바르게 다음 세대로 전하며 전 세계인들에게 항구적 평화의 메시지를 전하기 위해 설립하였다. 헤세이 12년에 제1회 미니기획전을 시작으로 많은 특별전시와 영구적인 전시를 실시하고 있고 전시물의 교대도 순

조롭게 이어지고 있다.

〒901-0333 沖縄縣糸滿市字摩文仁614-1番地

Tel. 098-997-3844   Fax. 098-997-3947

오키나와현평화기념자료관 전경

4) 이도(離島)지역

○야에산평화기념관(八重山平和祈念館)

http://www.yugahu.npo-jp.net/ishi017.htm

'전쟁말라리아'의 실상을 후세에 바르게 전달함과 동시에 인간의 존엄이 보장되는 사회구축과 야에산지역에서 세계를 향하여 항구평화 실현을 호소하는 '평화발신 거점'형성을 목표로 하고 있다. 오키나와전과 전쟁말라리

야에산평화기념관 전경

아의 비극 등을 사진이나 지도 그림 등 다양한 전시물을 갖추고 있다.

〒907-0004   石垣市新榮町79番地の3

Tel. 09808-8-6161   Fax. 09808-8-6161

5) 평화학습 모델코스(하루·버스이용)

http://www.peace-museum.pref.okinawa.jp/heiwagakusyu/kyozai/senseki/course/index.html

● 전적지 코스

오전 → 가카즈고지(嘉數高地 : 오키나와전에서 4월 8일부터 16일간 대격전이 벌어졌던 언덕) 또는 오라소에 성지·마에다 고지 → 구 해군 사령부 → 미나미가테하라 육군병원 → 아브치라 가마(糸數壕) 또는 가가라비 가마 → 한국인위령탑·오키나와평화기념당 → 기-잔밴더 주변 전적지 → 중식

오후 → 오키나와현평화기념자료관·마부니에(摩文仁丘) → 혼괴의 탑(魂魄の塔) → 히메유리탑(ひめゆり最期の地(ひめゆりの塔)) → 고메스부락(米須部落) → 남북탑(南北の塔)·야마메탑(山雨の塔) 혹은 방카탑(萬華之塔)·안디라가마(千人壕)·호헤이야마후키탑(砲兵山吹之塔) → 시라유키탑 주변(白梅之塔周辺) 전적지 혹은 구니요시(國吉)·마에리부락(眞榮里部落) → ＥＮＤ

● 기지·전적지 코스

오전 → 마키미나토(牧港)주택지구·슈가 로프 → 캠프 긴자 → 후텐마비행장(普天間飛行場) → 캠프 즈케란(瑞慶覽) → 캠프 구와에(桑江)·특공정가마 → 가테나기지 → 기지거리·코자 → 캠프·배틀러 → 구 해군사령부 가마 → 점심

오후 → 하에바루 육군병원(南風原陸軍病院) → 아부치라가마(糸數壕)[10] 또는 가라비가마(ガラビ壕) → 오키나와현평화기념자료관·마

부니에(摩文仁丘) → 히메유리탑(ひめゆり最期の地(ひめゆりの塔)) →
혼괴의 탑(魂魄の塔) → 나하공항·나하군항 → ＥＮＤ

VI. 오키나와 평화학습을 위한 참고자료[11]

1. 沖縄歴史·芸能関係文献

新里恵二·田港朝昭·金城正篤『沖縄県の歴史』山川出版社 1972

上原兼善·大城立裕·仲地哲夫『南島の風土と歴史』山川出版社 1978

比嘉康文·岩垂 弘編『沖縄入門』同時代社 1993

高良倉吉『沖縄入門』岩波書店 1992

琉球新報社編『新琉球史－古琉球編－』琉球新報社 1991

琉球新報社編『新琉球史－近世編(上)－』琉球新報社 1989

琉球新報社編『新琉球史－近世編(下)－』琉球新報社 1990

琉球新報社編『新琉球史－近代·現代編－』琉球新報社 1991

沖縄県高等学校障害児学校教職員組合『沖縄の文学－高校生のための
　古典副読本』沖縄時事出版 1994 14刷

沖縄県高等学校障害児学校教職員組合『沖縄の文学－高校生のための
　近代·現代編』沖縄時事出版 1994 4刷

本田安次『沖縄の祭りと芸能』第一書房 1991

仲宗根幸市『南海の歌と民俗－沖縄民謡へのいざない－』ひるぎ社 1989

---

10) '가마'란 동굴이라는 의미임.
11)『新　歩く·みる·考える沖縄』「文獻·視聽覺Guide」에서 발췌.

2. 沖縄戦関係文献

池宮城秀意『戦争と沖縄』(岩波ジュニア新書) 岩波書店 1980

大田昌秀『総史 沖縄戦』岩波書店 1982

大田昌秀『沖縄 戦争と平和』(朝日新書) 朝日新聞社 1996

藤原 彰編『沖縄戦－国土が戦場になったとき』青木書店 1987

藤原 彰『沖縄戦と天皇制』立風書房 1987

沖縄タイムス社『鉄の暴風－沖縄戦記』沖縄タイムス社 1950

琉球政府編『沖縄県史 第9巻－沖縄戦記録1』図書刊行会 1989復刻

沖縄県教育委員会『沖縄県史 第10巻－沖縄戦記録2』図書刊行会 1989
　　復刻

浦添市史編集委員会『浦添市史 戦争体験記録 第5巻資料編4』浦添市
　　教育委員会 1954

大田静男『八重山の戦争』南山舎 1996

琉球新報社編『証言 沖縄戦 戦禍を掘る』琉球新報社 1995

安仁屋政昭『沖縄戦再体験』平和文化 1983

石原昌家『虐殺の島－皇民と臣民の末路』晩声社 1978

石原ゼミナール・戦争体験記録研究会『もうひとつの沖縄戦－マラリ
　　ア地獄の波照間島』ひるぎ社 1983

石原昌家『証言・沖縄戦－戦場の光景』青木書店 1984

石原ゼミナール・戦争体験記録研究会『大学生の沖縄戦記録』ひるぎ
　　社 1985

榊原昭二『沖縄・八十四日の戦い』新潮社 1983

豊平良顕編『ジャーナリストの証言昭和の戦争5 非哭－沖縄戦』講談
　　社 1985

川田文子『赤瓦の家 朝鮮から来た従軍慰安婦』筑摩書房 1987

海野福寿・権丙卓『恨 朝鮮人軍夫の沖縄戦』河出書房新社 1987

朴壽南編『アリランのうた－オキナワからの証言』青木書店 1991

山田盟子『慰安婦たちの太平洋戦争 沖縄編』光人社 1992

米国陸軍省編/外間正四郎訳 『沖縄日米最後の戦闘』 光人社NF文庫
　1997

上原正稔訳編『沖縄戦アメリカ軍戦時記録』三一書房 1986

E.B.スレッジ/外間正四郎訳『泥と炎の沖縄戦－あるマリン兵の回想』
　琉球新報社 1991

丸木政臣・行田稔彦 『和光小学校の総合学習「沖縄」私たちの沖縄体験
　』民衆社 1990

田港朝昭編『平和教育実戦選書4 沖縄戦と核基地』桐書房 1990

森田俊男編『平和のために2 学び、調べ、表現する 沖縄特集』平和文
　化 1988

新崎盛暉他『観光コースでない沖縄 戦跡・基地・開発・離島』高文研
　1983

新崎盛暉・仲地哲夫他『沖縄修学旅行』高文研 1993

沖縄県高等学校教職員組合南部支部 平和教育研究委員会編『ルーズ式
　戦跡・基地ガイドブック－歩く・見る・考える沖縄』沖縄時事出版
　1986

沖縄県歴史教育者協議会編 『平和のためのガイドブック沖縄－自然・
　島々・歴史・文化・単蝸亦・基地』クリスタル出版企画 1995

大城将保『改訂版 沖縄戦－民衆の眼でとらえる『戦争』』高文研 1988

教科書検定訴訟を支援する全国連絡会編 『家永・教科書裁判 第3次訴

訟地裁編 第5巻 沖縄戦の実相』ロング出版 1990

沖縄県生活福祉部援護課編 『平和への証言－沖縄県立平和祈念資料館
　ガイドブック』沖縄県生活福祉部援護課 1983

沖縄県女師・一高女ひめゆり同窓会編『公式ガイドブック ひめゆり
　平和祈念資料館』沖縄県女師・一高女ひめゆり同窓会 1989

仲宗根政善『ひめゆりの塔をめぐる人々の手記』角川書店

宮良ルリ『私のひめゆり戦記』ニライ社 1986

宮城喜久子『ひめゆりの少女 十六歳の戦場』高文研 1995

長田紀春・具志八重編 『閃光の中で 沖縄陸軍病院の証言』ニライ社
　1992

大田昌秀『戦争と子ども－父より戦争を知らない子たちへ－』那覇出
　版社 1980

平良啓子『海鳴りのレクイエム－「対馬丸そうなん」の友と生きる－』
　民衆社 1984

下嶋哲朗『南風の吹く日－沖縄読谷村集団自決』童心社 1984

親里千津子『ちーちゃんの沖縄戦』ニライ社 1994

大田昌秀『沖縄のこころ－沖縄戦と私－』(新書版)岩波書店 1972

真尾悦子『いくさ世を生きて－沖縄戦の女たち』筑摩書房 1981

安里要江・大城将保『沖縄戦－ある母の記録』高文研 1995

金城重明『「集団自決」を心に刻んで－沖縄キリスト者の絶望からの精
　神史』高文研 1995

毎日新聞社特別報道部取材班 『沖縄・戦争マラリア事件南の島の強制
　疎開』東方出版 1994

大田昌秀編『写真記録 これが沖縄戦だ 改訂版』琉球新報社 1984

佐久田 繁編 『沖縄戦記録写真集 日本最後の戦い』 月刊沖縄社 1977

3. 基地·戦後関係文献

中野好夫・新崎盛暉 『沖縄戦後史』(新書版) 岩波書店 1976

新崎盛暉 『沖縄現代史』(新書版) 岩波書店 1996

阿波根昌鴻 『米軍と農民－沖縄県伊江島』(新書版) 岩波書店 1973

阿波根昌鴻 『命こそ宝―沖縄反戦の心』(新書版) 岩波書店 1992

沖縄縣編 『沖縄 苦難の現代史 代署名拒否訴訟準備書面より』 岩波書店 1996

大田昌秀 『沖縄 平和の礎』(新書版) 岩波書店 1996

安仁屋政昭・新垣 勉・大城保英・佐次田 勉・宮城義弘 『沖縄はなぜ基地を拒否するか』 新日本出版社 1996

朝日新聞社編 『沖縄報告 復帰前 1969年』(朝日文庫) 朝日新聞社 1996

朝日新聞社編 『沖縄報告 復帰後 1982～1996年』(朝日文庫) 朝日新聞社 1996

沖縄タイムス社編 『50年目の激動 総集 沖縄・米軍基地問題』 沖縄タイムス社 1996

琉球新報社編 『異議申し立て 基地沖縄』(全4巻) 琉球新報社 1995～1996

宮城悦二郎 『占領者の眼』 那覇出版社 1982

大田昌秀 『沖縄の帝王 高等弁務官』 久米書房 1984

日本共産党編 『総点検 在日米軍基地』 日本共産党中央委員会出版局 1991

梅林宏道『情報公開法でとらえた沖縄の米軍』高文研 1994

喜久村 準・金城英男『どこへ行く、基地・沖縄』高文研 1989

高嶺朝一『知られざる沖縄の米兵－米軍基地15年の取材メモから』高文
研 1984

新崎盛暉『新版 沖縄・反戦地主』高文研 1986

千田夏光・池原秀明・相原 宏『素顔の反戦地主』ふきのとう書房 1996

知花昌一『焼きすてられた日の丸－基地の島・沖縄読谷から』新泉社
1998

石川真生『女性カメラマンがとらえた 沖縄と自衛隊』高文研 1995

石川真生・国吉和夫・長元朝浩『これが沖縄の米軍だ 基地の島に生き
る人々』高文研 1996

豊原区民と連帯する会 『P-3Cをぶっとばせ 沖縄・豊原区民の闘い』
凱風社 1995

三木健『リゾート開発－沖縄からの報告』(新書版) 三一書房 1990

沖縄タイムス社編『写真記録 沖縄戦後史』沖縄タイムス社 1987

4. 視聴覚資料(ビデオ)

沖縄県映画センター『アニメ つしま丸』

沖縄県映画センター『カンカラさんしん』

シネマ沖縄『戦場の童』

沖縄戦記録フィルム1フィート運動の会『沖縄戦 未来への証言』

沖縄戦記録フィルム1フィート運動の会『ドキュメント沖縄戦』

大陸書房『世紀のドキュメント 太平洋戦史 沖縄最後の死闘』

上映普及委員会事務局(シネマ沖縄内)(伊江島やすらぎの家)『人間の住
  んでいる島』
沖縄県広報課/琉球放送『平和への出発 沖縄からのメッセージ』
琉球放送『RBC 映像でつづる沖縄戦後50年史』
関西共同『命どう宝 沖縄からのメッセージ』
高校生平和ゼミナール全国連絡センター『高校生のみた沖縄 沖縄・全
  国高校生平和集会』
和光小学校『命どう宝「証言集」語り部から子どもたちへ』

Ⅶ. 마치면서

　오키나와현의 평화교육은 본토보다 좀 늦은 감이 있지만 오키나와전
을 중심으로 실시되고 있다. 전적지문제, 기지문제 등 현에서 쉽게 접
할 수 있는 것들을 대상으로 하고 있지만 전쟁에 관한 것들을 생생하게
들을 수 있는 실질적 증언자들이 사라져가는 요즘 체계적인 평화학습
을 위한 안들이 마련되고 있다.

　후세들에게 오키나와전에 대한 전달은 감수성이 풍부한 초등학생일
때부터 시키는 것은 매우 중요하지만 한쪽에 치우치지 않도록 정확하
게 지도하는 작업의 필요성을 강조하고 있다. 예를 들면 전쟁 경험자가
전쟁에 대하여 말 할 때 일방적인 이야기를 하여 현상을 호도시킬 우려
가 있으므로 이를 검증하는 작업이 필요하다 할 것이다. 또한 평화학습
시 몇가지 문제점이 발견되고 있는데 그 부분들을 얼마나 합리적으로
시정해 나갈 수 있는지도 평화학습을 성공적으로 이끄는 관건이 된다.

　또 하나는 시대의 흐름에 따라 오키나와전에 대한 관심이 점점 사라지

고 있다는 점이다. 구체적 평화교육이 몇몇 학교에 머무르고 있다는 것
도 이러한 현상의 반증이라 하겠다. 현나름대로는 평화교육 전문가 양성
등을 통하여 '평화'를 외치고 있지만 얼마만큼 호응을 하고 있을까? 평화
교육에 대한 방법론을 전면적으로 재고해야 할 시점이다. '전쟁교육'이
아닌 진정한 평화교육을 위한 오키나와의 고민이 여기에 있다.

오키나와 미군기지와 주민운동

I. 들어가는 말

오키나와는 동서 1000km, 남북 400km의 광대한 해역에 산재하는 크고 작은 160여개의 섬들(유인도는 48개)로 이루어져 있으며, 오키나와 현은 일본 총 면적의 0.6%로 47개의 일본 행정구역 중 44번째의 넓이에 해당한다. 아시아와 일본 본토의 연결점이라고도 할 수 있는 장소에 위치하고 있는 바, 이러한 지리적 특성을 살려 인근국가와의 우호교류를 통한 국제교류 거점으로서의 역할을 적극 추진하고 있다.

오키나와인들은 일본 본토인들과 거리를 두며, 그들만의 독특한 정체성이 있다. 류큐대 존 촨퉁 림 교수의 설문조사에 의하면, 오키나와인의 40.6%는 그들을 '오키나와인'으로만 여긴다고 답했고, 36.5%는 오키나와 일본인 또는 일본계 오키나와인으로 생각하며, 21.3%만이 '일본인'으로 생각한다고 답했다.[1]

오키나와인들이 이러한 정체성을 갖게 된 것은 19세기 말에야 류큐 왕국이 일본의 식민지가 된 역사에 기인하는 것으로 보인다. 오키나와 지역에서 14세기경에 세 국가가 발흥하였고, 15세기 초 이를 통일한 것

필자 : 강근형(제주대학교 정치외교학과 교수)
1) 『한겨레신문』, 2006년 1월 31일.

이 바로 류큐왕국이다. 류큐왕국은 16세기까지 동아시아의 평화를 기반으로 하는 대교역시기를 맞이하여 국제무역으로 번성하였다.

산 위에 있는 류큐왕국이 만든 슈리성(首里城)은 동화 속의 성처럼 작고 아름다운 바, 이 성의 정문이 "오는 손님을 기꺼이 환영한다"는 칸카이몽(歡喜門)이며, 제2문은 "예를 지킨다"는 슈레이몽(守禮門)인데 류큐를 수례지방(守禮之邦)이라 하는 것도 이러한 평화적 개방과 교류의 역사를 표징한다.

그러나 얼마 되지 않아 류큐는 중국과 일본의 굴레에 얽매이기 시작하였다. 그것을 보여주는 것이 슈리성 한 가운데에 있는 남·북전이다. 류큐는 16세기 중국과 조공·책봉관계를 맺었고, 이후 450여년에 걸쳐 24회의 중국 책봉사가 류큐에 와 북전에 머물렀던 것이다. 그런데 일본의 전국시대가 끝나자 1609년 일본 사쯔마 번은 겨우 3,000명의 병력으로 평화스러운 류큐를 침입하여 속국으로 만들었다. 이후 근 300년간 일본의 사신은 남전에 머물렀고, 류큐 또한 사은사 '에도노보리'를 일본으로 파견하였다. 슈리성 한 가운데 남·북전의 병존은 중국으로부터 책봉을 받고, 다시 일본으로 에도노보리를 파견하던 류큐의 고달픈 이중외교를 보여주고 있는 것이라 할 수 있겠다. 결국 1879년 메이지정부의 폐번치현(廢藩置縣) 조치로 류큐왕국은 완전 폐지되고 일본의 오키나와 현이 되고 말았다.

평화스런 오키나와에 지울 수 없는 흔적은 처참한 전쟁의 상흔이다. 태평양전쟁 말기인 1945년 3월~6월 일본 정부가 본토 방어 시간을 벌기 위해 오키나와에서 민간인 총동원령을 내려 미군의 북상에 저항하면서 오키나와는 '철의 폭풍'으로 불리는 치열한 전투에 휘말렸으며, 당시 오키나와 주민들 중 약 95,000명의 민간인이 숨졌다. 일본군 약

9만명, 미군 약 12,000여명이 전사했다. 즉, 세달 동안 군인까지 포함하여 무려 20만명 이상의 인명이 희생되었다. 전사자 중에는 군인보다 민간인이 더 많았고, 일본군의 군국주의 세뇌와 선동으로 인한 집단자살도 적지 않았다고 한다.

오키나와는 2차대전 직후부터 1972년까지 미군의 직접통치를 받게 된다. 이 과정에서 곳곳에 미군기지가 세워졌고 미군의 태평양지역 전략거점이 되었다. 일본 정부와 주민들의 끈질긴 요구로 1972년에 오키나와는 일본에 반환됐으나, 일본 정부는 미일안보조약에 따라 기지의 존속을 인정했던 것이다.

오키나와는 일본 전체 면적의 0.6%를 차지하지만, 주일 미군기지의 75%를 떠맡고 있다. 이곳에는 해병대를 위주로 미군 2만 3,140명(가족 포함하면 4만 3,550명)이 주둔하고 있으며, 37개의 기지는 오키나와 본섬의 18.7%를 차지하고 있다.[2] 오키나와 미군기지의 운명은 현재 미국과 일본 정부가 협상중인 주일미군 재배치계획에 따라 결정될 것으로 보인다. 2006년 5월에 합의한 미군재배치계획에 따르면, 미일동맹의 강화를 위해 자위대와 미군과의 일원화를 추진하고 있는 것으로 알려지고 있다.

오키나와 미군기지에 대한 주민들의 태도는 양면적이다. 일부는 미군기지가 오키나와인들의 삶을 파괴한다고 보고 전면 철수를 주장하는가 하면, 또 한편에서는 현실적인 측면에서 미군기지가 떠나면 일본 안에서 가장 낙후된 오키나와 경제가 무너지지 않겠느냐는 우려를 하는 사람들도 적지 않다.

이 글에서는 오키나와 미군기지의 실태를 분석하기 위해 미군기지

---

2) 오키나와 현, "오키나와 미군기지 설명자료"(2006년 12월).

설치의 역사적 배경, 미군기지에 대한 중앙정부와 오키나와 현 정부간의 갈등 문제, 그리고 미군기지에 대한 주민들의 태도를 탐구해보려고 한다.

Ⅱ. 미군기지 설치의 역사적 배경 및 군용지 사용 문제

태평양 전쟁 중 오키나와는 미군에게 있어서 대일전의 전진기지로서 점령이 필수불가결한 지역이었고, 일본군에 있어서도 사활이 걸린 군사적 거점이 됨에 따라 일본영토 중 오키나와에서만 유일하게 미군과 일본군 사이에 지상전이 전개되었다. 오키나와 전투 중 주민 사망자는 공식통계상 9만5천명으로서 군인 전사자와 거의 같은 수이다. 그러나 아사자, 피학살자, 강요에 의한 자결자, 병사자 등을 포함하면 주민 사망자는 15만명을 넘어 당시 60만 현민의 약 3분의 1 내지 4분의 1에 달하는 것으로 추정되고 있다. 이후 전쟁에 대한 피해의식은 계속해서 오키나와 주민들의 의식을 지배하게 되었다고 여겨진다.

미군은 상륙 개시와 함께 일본의 행정권을 정지시키고 군정실시 포고를 발하여 군정부를 설치하였다. 일본 본토의 통치가 간접통치방식이었던 데 반해, 오키나와에서는 직접 통치방식이 적용되었다. 오키나와 미군 기지의 특징은 그 대부분이 전투행위에 의해 수용된 것이며 일정한 접수절차를 거친 것이 아니라는 데 있다. 본토에서는 미국의 직접 통치하에 있었던 것이 아니므로 토지와 건물이 개별적으로 기지로 접수된 것이지만, 오키나와에서는 모든 토지가 미군의 직접 통치하에 놓여진 다음, 상황에 따라서 그 중 일부가 주민에게 반환된 것이다.

미국 국방성 정책결정자들은 2차대전이 종결된 지 수개월이 지난 1945년 10월 동아시아에서 전쟁이 일어나는 경우, 미군이 동아시아 및 서태평양지역에서 방어 및 공격작전을 전개하는 데 필수적인 군기지로서 오키나와에 미군기지를 장기간 유지한다는 전략 구상을 이미 수립하고 있었으며, 더욱이 1948년 당시 국무성 정책실장이었던 조지 케난(George Kennan)도 류큐열도의 미군기지 장기화 정책권고안을 냈는데, 국무성의 고위정책결정자들이 이를 받아들여 오키나와에 미군기지를 건설하게 되었던 것이다. 이 결정은 1948년 11월 5일 트루먼 대통령이 승인하여 국가안보위원회(NSC) 13/3에 명시되었다.[3]

미국은 오키나와 기지를 건설하기 위하여 1949년 중반부터 3억5천만 달러를 들여 1952년에 완성했다. 1952년 4월 28일 미일강화조약이 발효되어 일본은 주권을 회복하였으나 오키나와는 동 조약 제3조에 의하여 미국이 통치하도록 되었다. 이는 미국의 일본 점령이 종식되기 수개월 전인 1952년 1월에 오키나와에서의 미군의 장기적인 주둔을 위한 구체적인 정책 논의가 시작되어 1953년 6월 15일에 NSC에서 류큐열도의 최북단 지역인 애마미 군도를 반환하는 대신 오키나와가 속한 나머지 지역은 미국이 계속 배타적으로 통치한다는 결정이 내려졌기 때문에 가능해진 것이었다. 이러한 결정은 오키나와가 동아시아지역에서의 소련 및 중국과의 무력 분쟁 시에 대비해서 동아시아 대륙을 군사적으로 제어할 수 있는 위치에 있기 때문에 서태평양 기지체계에서 가장 중요한 기지로서 영구적으로 활용해야 한다는 미국 국방성의 전략 구상

---

3) 김현, "오키나와 미국기지 장기주둔의 기원과 이유: 미국의 정책결정(1945-1972)의 분석," 『시민정치학회보』, 제7권(2006), pp.95-96 ; Arnold Fisch, Jr., Military Government of the Ryukyu Islands, 1945-1950(Washington, D.C.: Center of Military History, U.S. Army, 1988), pp.72-76 참조.

의 결과였다.[4] 특히, 오키나와 기지는 한국전쟁 중에는 미군의 주요 공군 및 레이더, 병참기지로서 활용되었으며, 이와 같이 동아시아에서 오키나와의 전략적 가치가 커져감에 따라 '토지수용령'을 이용하여 기지 건설을 확대해나갔던 것이다.

1971년 6월 17일 조인된 오키나와 반환협정에서 방대한 미군기지가 거의 그대로 존속된다는 내용이 확정되었다. 이미 1969년 5월에 미국은 오키나와를 일본에 반환하되 미군기지를 현상 유지한다는 정책을 결정하고 있었다.[5] 오키나와 반환 결정은 일본 정부 및 국민들의 강력한 반환 요구에서 연유하였지만, 반환 후에 미군기지의 지속적인 유지와 활용이 전제조건으로 확보되어야만 이행이 가능한 결정이었다. 즉, 미국정부는 반환의 군사적 조건으로서 오키나와 기지를 일본 이외에 한국과 대만을 방어하기 위한 작전의 전개기지로서 별 제약 없이 활용한다는 것을 일본 정부가 수용하였기 때문에 1972년 5월 15일에 오키나와를 반환하였다.[6]

미국이 오키나와에 미군을 장기적으로 주둔시키려 한 일관된 전략 구상과 이유는 오키나와의 지전략적(geostrategic) 위치, 즉 일본 본토, 중국, 필리핀 열도로 구성되는 전략적 삼각지대의 중간인 동중국해에 위치함으로써 주둔기지가 동아시아지역, 특히 일본, 한반도, 대만

---

4) 김현, 같은 글, p.101.
5) 서동만, "오키나와 미군기지 문제와 일본 국내정치," 『주요국제문제분석』(외교통상부, 2000년 9월 18일), p.4.
6) 1951년 9월 8일에 조인된 미일안보조약 제1조에 의하면 일본에 배치된 미국의 군사력은 일본의 안보뿐만 아니라 극동아시아의 평화와 안전의 유지에 기여하기 위해 사용될 수 있다고 명시함으로써 주일미군이 극동지역의 안전을 보장하는 '극동조항'을 포함하고 있다. 이에 대한 자세한 분석은 강근형, 『미일관계의 정치경제: 미국의 패권과 일본의 도전』(제주: 제주대학교 출판부, 2003), pp.139-143 참조.

해협에서 무력분쟁 시에 미국이 군사작전을 전개하는 전진기지로서 활용될 수 있다는 점에 기인하였다. 이러한 전략적 가치는 한국전과 베트남전을 통해 입증된 바 있다.

한편, 일본정부는 미일안보조약 지위협정에 따라 미국에 대해 기지를 제공할 의무도 지고 있었기 때문에 군용지의 사용 권원(權原)을 취득해야만 했다.[7] 한시법(限時法)인 '공용지법'[8]에 의해 복귀일로부터 5년간 정부가 사용 권원을 갖게 되었는데, 군용지주의 10%에 해당하는 약 3000명의 군용지주는 자신들의 의사에 반한 채 수용된 토지를 더 이상 군용지로서 사용되게 하고 싶지 않다면서 정부와의 임대차계약에 거부, 동 법률의 적용에 따라 강제사용의 대상이 되었다.[9] 5년간 정부는 임대차계약 체결을 위하여 노력했으나 490명의 미 계약 지주(이른바 '반전지주')가 남았고 이 문제가 오키나와 기지 문제의 불씨로 작용하게 되었다.

복귀 후 5년째인 1977년 5월 15일 반전지주는 당당하게 기지 내의 사유지에 들어갔다. 그렇지만 법의 공백은 4일밖에 계속되지 않았다. 일본 중앙정부는 아주 임시방편적인 수단으로 '공용지법'의 연장을 강행했다. 그것은 일본 정부가 기획한 '신기지확보법안'의 성립을 단념하

---

7) 이하의 논의는 서동만, 앞의 글, pp.4-5 참조.

8) 1972년 5월 15일 오키나와가 본토에 귀속되면서 시정권이 미국에서 일본으로 반환된 결과 복귀전의 토지 접수 등에 관한 포고, 포령, 지령 등이 그 근거를 잃게 되었다. 기지의 유지, 존속을 위해 일본 정부는 복귀 전 1971년 12월 31일 '오키나와에 있어서 공용지 등의 잠정사용에 관한 법률(공용지법)'을 성립시켰다. 이는 군용지를 공용지로 간주하고 복귀 후 5년간은 계약 없이 강제사용이 가능하도록 한 것으로 위헌성이 짙은 것이었다. 쿠리야 야스오, 제주발전연구원 역, 『오키나와에서 배운다 Ⅱ : 경제개발론과 프리존 구상』(서울: 오름사, 2003), p.265 참조.

9) 아라사키 모리테루, "전후 오키나와에 있어서의 미군기지의 형성," http://biho.taegu.ac.kr/~jahk/page3-1-13.htm 참조.

고 지적(地籍)문제(군사기지 내의 토지소유자별 위치, 분포정도, 면적은 자료가 제대로 갖춰져 있지 않아 명확하지 않았다) 해결을 위해 오키나와 현이 요구하고 있었던 '지적명확화법'을 통과시켜 해결하려 했던 것이다.[10) 즉, 1977년 5월 14일로 사용기간이 끝나게 되자 정부는 잠정사용 기간의 연장을 꾀하여 '지적명확화법'[11)의 부칙에 공용지법의 잠정사용 기간을 5년에서 10년(1982년 5월 14일까지)으로 연장하는 규정을 삽입하였다. 결국, 일본정부는 미군이 강제 수용한 토지를 계속 사용하기 위해 '공용지잠정사용법'(5년의 한시 입법으로 1977년까지), '지적명확화법'(1977년부터 1982년까지)으로 계속 사용을 합법화해 온 것이다.

　그러나 '지적명확화법'에 의한 사용기한도 끝나 전부 10년에 걸친 잠정사용 기간이 경과했음에도 불구하고 계약에 응하지 않은 지주가 잔존함에 따라 일본정부는1982년부터 소유자로부터 동의를 얻지 못한 토지에 대해서는 일본이 아직 점령 하에 있을 때 미군을 주류시키기 위해 제정한 '주류군용지특별법(특조법)'을 적용하기 시작했다. 일본정부는 이 특조법을 근거로 82년, 87년, 92년도에 각각 5년마다 해당 토지에 대한 사용절차를 밟은 바 있으나, 이는 사적인 재산권을 침해하고 있다는 반발을 사고 있다.

　이 특조법의 절차는 매우 복잡한데 그 절차 과정에서 시정촌(市町村)이나 현(縣) 등 지방자치체는 중앙정부에 대해 대리서명의 단계와 공고종람(公告縱覽)의 단계에서 각각 실행을 거부함으로써 중앙정부에 대해

---

10) 쿠리마 야스오, 같은 책, p.265.
11) 이는 오키나와 전투로 지적이나 경계가 불분명해진 토지를 명확히 하기 위한 입법조치였던 '오키나와 현의 구역에 있어서 위치 경계의 명확화 등에 관한 특별조치법(지적명확화법)'을 말한다.

이의를 제기할 수 있는 수단을 확보할 수 있다. 1992년도에 7개의 시정촌장(市町村長)이 대리서명을 거부했으며 현(縣) 토지수용위원회도 일정한 권한을 가지고 정부에 이의를 제기할 수 있고 절차가 종결될 때까지는 약 1년 반 이상의 시간이 걸리게 되어 이 사이 일부 토지에 대해 정부가 사용권원을 잃게 될 수도 있다. 이러한 특조법의 절차가 기지문제로 중앙정부와 지방자치제가 충돌하게 된 법적 배경이 되었다.

사용기간 만료에 따라 임대차 계약을 거부하고 있는 미군용지 소유자는 전 토지소유자 33,000명 중 약 3,100명(면적은 약 15,715헥타르 중 약 36헥타르)으로, 토지소유자의 약 91%, 면적의 99.8%는 계약이 체결되어 정부가 사용권원을 취득한 상태였다. 약 3,100명의 계약거부 지주 가운데 약 3,000명이 이른바 '1평 공유지주'들로서 명수로는 9.4%, 면적으로는 0.2%를 차지하고 있다. 1972년의 본토 복귀 당시 3,000명이었던 계약거부 지주는 정부의 회유로 10년 후에 153명으로 감소했다. 1평 공유지주들은 오키나와 기지정리, 축소운동의 일환으로 감소추세에 있던 미계약지주들을 지원하기 위해 일부 토지를 나누어 취득해 왔다. 소수의 미계약지주들이 다수 주민의 의사를 왜곡한다는 비판도 있으나 이들이 오키나와주민들의 정서를 대변해왔다는 점도 부정할 수는 없다.

Ⅲ. 오키나와 미군기지의 현황과 문제점

일본 전체의 미군전용기지 중 75%가 오키나와 현에 집중하여 오키나와 현 전체면적의 약 10%, 특히 오키나와 본도(本島)에서는 면적 전체의 18.7%가 미군기지라는 이상사태가 지속되고 있다. 토지의 소유 형태별 면적을 보면, 본토의 미군기지는 88%가 국유지, 12%가 민(民)공유지인데 반해, 오키나와 현에서는 민공유지가 66%(민유지 33%)를 점하고 국유지는 34%에 지나지 않는다. 자위대 시설에서는, 국유지가 본토에서 89%, 오키나와에서 15%이며 민공유지가 본토에서 11%에, 오키나와에서 85%나 점하고 있다. 전국을 평균하면 미군기지에서 국유지가 73%, 민공유지가 27%이다.

현(縣) 면적에 대한 미군 및 자위대 기지 면적의 비율(기지부담률)로 보면 전국 평균이 0.37%인데 비해 오키나와 현의 경우 10.67%에 달한다. 평균 부담률을 넘어서는 도도부현(都道府縣)은 전국적으로 11개이지만, 제2위의 도쿄(東京)도(都)는 1.24%, 제3위의 시즈오카(靜岡) 현은 1.23%에 지나지 않는다. 또한 1인당 인구비율로 보면, 오키나와의 미군기지 면적은 본토에 비해 약 330배, 토지면적 비율로는 약 560배가 된다.

미군기지 축소의 속도도 오키나와와 본토간에 상당한 차이가 있다. 본토복귀 시점인 1972년 5월과 태평양 전쟁이 종결된 지 50년째가 되는 1995년 1월의 상황을 비교해 보면, 본토에서는 약 19,600헥타르가 약 7,900헥타르로 약 60% 감소한 데 반해, 오키나와 현에서는 약 27,800 헥타르가 약 23,700 헥타르로 약 15%밖에 감소되지 않았다.

이처럼 기지의 집중도, 기지 부담률, 민공유지 유지비율, 기지축소 비율 등의 여러 측면에서 오키나와 현이 다른 현에 비해 과도한 부담을 지고 있는 현실이 오키나와 현이 차별을 받고 있다는 피차별의식의 기반을 이루고 있다고 하겠다.

한편, 본토보다 압도적으로 많은 민공유지 및 기지 비율로 인해 오키나와에서는 자체개발에 미군기지가 장애가 되어 왔으며, 주민들의 일부는 이것이 오키나와 경제침체의 주요 원인으로 간주하고 있다. 즉, 현민의 소득수준은 일본 최저로 전국 평균치의 70%에 지나지 않고 실업률은 본토 평균의 2배에 달하고 있다.

미군정 시대부터 오키나와는 달러경제에 편입되어 기지중심의 소비경제만이 전개되었고 그 결과 제조업이 거의 성장하지 못했다. 1972년 반환이후 오키나와의 경제현실에 주목한 일본정부는 오키나와개발청을 창설하여 3차에 걸친 10년간의 장기진흥계획을 실시해왔다. 반환을 계기로 민간기업의 대형투자도 계획되었으나 그 직후 내습한 오일쇼크로 흐지부지되고 말았다.

오키나와개발청은 반환 이래 약 5조엔의 자금을 투입하였으나, 이렇다할 경제발전의 성과는 없었다. 오키나와의 경제는 오로지 개발청을 중심으로 한 공공투자에 의존하게 되었고 공공투자의 대부분은 건설공사로 주로 본토의 대형 건설회사가 개입하여 이윤이 본토로 환류되는 등 결국 현지에는 부가가치를 낳는 산업이 육성될 수 없었다. 본토복귀 후 현의 재정규모는 크게 증대되었으나 자주재원 비율은 30.8% 수준으로 전국 평균치보다 20%나 뒤떨어진 상태로서 중앙정부에 대한 재정의존이 구조화되어 있는 실정이다.[12]

그 외의 문제로는 미군범죄, 훈련에 따른 소음, 유탄, 화재, 항공기 추락 등의 각종 사고 및 폐유유출, 토양오염과 같은 환경파괴 등 기지와 관련한 갖가지 문제가 발생해왔다.[13] 복귀 이후 1972년부터 1995년

---

12) 서동만, 앞의 글, p.6.
13) 자세한 분석은 Okinawa Prefectural Government, "U.S. Military Issues in Okinawa,"(2004), p.11-12 참조. 미군기지의 환경오염에 대해서는 Japanese Communist Party, "Problems of U.S. Military Base in Okinawa"(February

까지 미군인 군속에 의한 사건 검거건수는 4716건, 검거자수는 4593명에 달했으며 민간인 살해사건도 12건 발생했다. 특히, 1972년 본토 복귀이후 42건의 항공기 추락사건이 발생하였는데, 2004년 8월 13일에는 기노완시에 위치한 오키나와국제대학에 미 해병대 소속의 헬리콥터 CH-53D가 추락하는 사고가 발생하기도 했다.[14] 기적적으로 민간인의 피해는 없었지만, 잘못하면 인명과 관련된 중대한 사고를 당할 뻔했던 것이다.

다만, 오랫동안 미군주둔으로 인해 오키나와경제가 이에 상당부분 의존해왔다는 것도 부인할 수 없는 사실이다. 예컨대, 1996년도 주류 군용지의 차지료(借地料)는 약 700억엔으로 계약지주 1인당 연간 약 200만엔 정도가 다수를 차지한다. 토지소유자의 85%가 50세 이상으로 고령화가 진행되고 40%이상이 무직으로서 이들 토지소유자에게 있어 차지료가 중요한 생계수단이 되어왔다. 따라서 기지의 정리, 축소를 위해서는 오히려 대체생계 수단의 확보가 관건이 되고 있다.

오키나와 현청에서 조사한 바에 따르면, 주둔군 군무원에게 지불되는 고용자 소득, 지주에 대한 군용지 사용료, 군인에 의한 기지 밖에서의 소비활동 등의 기지관련 수입은 2004년의 경우 2,006억엔으로 추정되고 있다. 오키나와 현민 총소득에서 차지하는 기지관련수입의 비율은 점차 감소하고 있는 바, 1972년 본토 복귀시의 15.6%에서 2004년에는 5.3%로 감소하였다.[15] 주둔군 기지 안에서 근무하고 있는 종업

2000), pp.9- 10 ; Jun Ui, "U.S. Military Bases and Environmental Problems," ZNet(September 02, 2003) 참조.

14) 오키나와 현, "오키나와 미군기지 설명자료"(2006년 12월).

15) 2000년에는 기지관련 수입이 4.9%였다. Okinawa Prefectural Government, ibid., p.10.

원도 1972년에 19,980명이었던 것이 2006년에는 8,928명으로 줄어들었다.

따라서 기지 종업원 9천명의 급여나 미군속 등의 소비 등을 포함한 기지 관련 경제효과가 약 2,000억엔 정도로 추정되고 있어, 기지축소에 따르는 경제적 부담도 중요한 해결과제가 된다고 할 수 있다.

Ⅳ. 오키나와 미군기지에 대한 주민운동의 전개

1995년 9월 4일 오키나와 본도(本島) 북부에서 3명의 미 해병대원이 12세의 소녀를 성폭행하는 사건이 일어나자 여성단체, 교육계, 현 정당, 경제계, 노조 등이 일제히 미군당국과 일본정부에 항의하는 운동을 전개했다.[16] 1995년 10월 21일 기노완(宜野灣) 시에서 열린 현민(縣民) 총궐기대회에 약 8만5천 명이 결집했다. 이와 같이 분출한 여론을 배경으로 오타 마사히데(大田昌秀) 당시 오키나와현 지사는 1995년 12월 22일 미군용지 '강제사용' 절차인 '대리서명'을 거부했던 것이다. 이에 대해 중앙정부측이 법령위반, 직무태만에 해당한다 하여 지사를 제소함으로써 중앙정부와 지방정부의 대결 국면으로 확대되었다. 재판에서 중앙정부가 승소했으나 이에 불복하여 상고를 했다. 그렇지만 1996년 8월 28일 최고재판소는 중앙정부 측의 승소를 인정하는 판결을 내렸다.

1996년 9월 8일 '기지의 정리, 축소 및 지위협정의 수정' 가부를 묻

---

16) Tim Shorrock, "Okinawa and the U.S. Military in Northeast Asia," Foreign Policy, Vol.5, No.22(July 2000), p.1.

는 전국 최초의 현민(縣民)투표가 실시되었는데 투표율 59.53%의 투표 총수에서 찬성 89.9%, 반대 8.54%로, 투표자격자 총수에 대한 찬성자 비율은 53.05%였다. 지방선거 투표율을 감안할 때 이는 상당한 지지 비율이었으나, 지사가 예상했던 압도적인 지지 비율에는 미치지 못했다. 9월 10일 하시모토 총리와 오타 지사간의 회담 중 하시모토 총리는 오키나와 현민의 대전이래의 고난에 깊은 이해를 표명하고 기지의 정리, 통합, 축소와 아울러 오키나와의 진흥 개발에 힘을 쏟을 것을 약속했고, 지사가 이를 받아들여 9월 13일 공고종람 대행에 응하게 되었다. 이런 오키나와 주민들의 거센 저항으로 말미암아 미국과 일본정부가 기지의 정리, 축소에 어느 정도 합의를 하게 되었다고 하겠다.[17]

　1995년 11월 19일 오키나와 기지의 정리, 축소를 협의하는 '오키나와에 있어서 시설 및 구역에 관한 특별행동위원회'(Special Action Committee on facilities and areas in Okinawa, SACO)가 설치되었고,[18] 오키나와 현의 의견을 SACO에 반영시키기 위해 정부와 오키나와 현 사이에 '오키나와 미군기지 문제 협의회'를 설치했다. 현측은 하시모토 내각에 대해 2015년까지 3단계에 걸쳐 기지의 단계적 반환을 예시한 '기지반환 액션프로그램'을 제출했다. 2001년까지 제1기, 2002년부터 2010년까지 제2기, 2011년부터 2015년까지 제3기로 나누어 단계적으로 반환, 2015년까지는 전면 반환을 요구하는 내용이었다. 정부측은 전면 반환에 대해서는 난색을 표하면서도 미국 측에 미군기지운

---

17) 서동만, 앞의 글, pp.8-9 참조.
18) SACO에 대한 자세한 분석은 Okinawa Prefectural Government, "Promoting Resolution of Issues Concerning U.S. Military Bases on Okinawa," (November 16, 2003) ; Ota Masahide, "Renegotiate with US on Okinawa Base Issue," Herald Tribune/Asahi(June 5, 2004) 참조.

용의 수정을 요구하는 등 적극적인 자세를 보이기 시작했다. 1996년 4월 17일 하시모토-클린턴의 미일공동선언에서는 "재일 미군의 병력구성을 포함한 군사태세에 관해 긴밀히 협의한다"고 명기되어 있는데, 이내용은 국제정세의 변화에 따라 삭감을 논의할 수 있는 근거가 되었다.

1996년 12월 미일 특별행동위원회(SACO)의 최종보고가 나왔는데, 이는 ① SACO 최종보고, ② 후텐마(普天間)비행장에 관한 문서, ③ 포괄문서인 '미일안보 관계에서 이후 처리해야할 과제' 등 3개 문서로 구성되어 있다. 이 '최종보고'에서 이제까지 현민이 강하게 반환을 요망해왔던 후텐마 비행장의 전면 반환을 포함한 11개 시설, 즉 오키나와 미군기지(미일 공동사용을 제외)의 21%에 해당하는 약 5,002헥타르의 토지가 반환되게 되었다.[19] 또한 지위협정의 운영개선 사항으로 미군사고나 범죄 피해자에 대한 보상제도 수정 등을 들고 있다. 초점이 되었던 후텐마비행장 반환에 따른 대체 헬리포트 건설문제에 대해서는 해당 지역주민들의 반발을 고려하여 '해상시설'을 추구한다는 점만 명기하고 구체적인 건설 장소에 대해서는 명기를 피했다. 반환 시기는 대체 헬리포트 건설이 이루어지는 5-7년 이후로 설정했다. '포괄문서'에는 미일 방위협력지침(가이드 라인)의 수정이나 전역미사일방위구상(TMD) 등에 관해 협의해 간다는 사항이 포함되었다.[20]

오키나와 투쟁의 새로운 국면은 1997년에 있었는데, 오키나와 북쪽의 헤노코(辺野古) 앞바다에 대체기지건설을 추진하려는 것을 1997년 12월 21일에 나고(名護)시의 주민투표로 분명히 거부되었다는 점이다. 후텐마기지의 대체기지를 건설하려는 헤노코가 소재한 시(市)가 바로

19) 오키나와 현, 『오키나와현의 개황』(2004), p.20.
20) 서동만, 앞의 글, p.10.

나고시이다. 헤노코 지역주민 중심의 '생명을 지키는 모임'등의 21개 단체가 '주민투표추진협의회'를 결성하여 주민투표 운동에 들어갔다. 이에 맞선 헤노코 기지건설세력은 지역경제 활성화를 내걸고 '나고시 활성화촉진시민 모임'을 만들어 기지 찬성 서명운동을 개시했다. 기지 건설 찬성파는 가가호호 방문하여 "지역경제 활성화와 기지신설을 맞바꾸자"는 선전을 적극적으로 펼쳤다.

주민투표 결과 총 유권자 38,176명 중 16,254명이 헤노코 기지 신설에 반대함으로써 헤노코 기지신설 반대 투쟁에 결정적인 힘을 실어주었다. 일본전국에서 유일하게 현민투표의 경험을 거친 이 투표는 오키나와 민중운동의 자기결정권 획득을 보여주었다. 그러나 중앙정부의 회유책으로 형성된 지역의 기지용인·유치파와 반대파 간의 치열한 공방으로 대립과 균열을 안은 승리였다. 1998년 당시 오키나와 현 지사인 오타 마사히데는 지역의 원칙에 따라 건설을 반대한다고 했으며, 완고한 그의 입장에 중앙정부는 협력과 대화를 중지하였다. 그는 1998년 12월에 선거에서 패하였다.

새로운 지사는 자민당과 공명당의 지지를 받은 사업가 출신인 이나미네 케이치(Inamine Keiichi)였는데, 그는 중앙정부와 협상하여 계획을 수정·보완하였다. 지사와 관계 시정촌(기초자치단체)장을 관계각료와의 협의회 자리에 앉혀 갖은 이해 조정을 한 끝에, 다시 헤노코 앞바다에 SACO합의에 포함된 1500미터 길이의 활주로를 갖춘 철수가능한 해상기지 대신, 2500미터 길이 활주로를 갖춘 군민공용시설로 건설하자는 데 합의하였다. 군사적 이용은 사용기한을 15년으로 정하는 것으로 건설계획을 조정했다. 1999년에 새로 조성된 비행장을 확대해서 활주로를 2500m 규모로 건설하는 계획은 10년이 걸려야 완공할 수 있는 정도였으며, 총비용이 1조 엔이 소요될 것이었다. 여기에다가 국제적으로 보호를 받는 바다포유동물인 '듀공'(dugong)을 보호하기 위하여 산호초의 파괴를 최소화하기로 했다.[21]

후텐마기지는 일본인들의 비용으로 대체기지를 건설해야 반환받을 수 있다. 정치경제적인 압력과 회유책이 오키나와의 반대운동자들을 약화시키며 분열시켰으며, 경제적 압력과 유인책은 효과가 있었다. 높은 실업률과 중앙정부와 미군기지에 대한 의존도가 높은 오키나와로서는 불가피한 결과였다고 하겠다. 2002년이 되어서야 기지건설에 대한 기본적인 협의가 이루어졌는데, 기지건설을 위한 기초건설조사를 하는 데 3년, 건설을 완공하는데 10년이 걸릴 것이므로 아무리 빨라도 2015년 이전에는 후텐마 기지가 반환될 수는 없을 것이다.

럼스펠트 미국 국방장관과 미국방부는 새로운 기지건설이 진척되지 않고 문제해결이 지연되는 데 진저리를 내었다. 또한 오키나와 주민들은 2003년 9월에 미국 정부가 미군에게 '듀공'에게 해가되는 모든 행위를 제한하도록 하라는 탄원을 시작했다. 2004년 4월이 되어서야 일본 정부는 기지건설을 서두르기 시작했으나 주민들의 강한 저항에 직면했다. 주민들의 의견이 잘 반영되지 않은 신기지건설 계획의 초기단계로 시추조사실시를 하게 되자, 주민들이 2004년 4월 19일부터 이에 대한 저지운동을 시작했다. 헤노코 앞바다에 철수 가능한 해상 헬리포트기지를 만들고 5~7년 안에 후텐마기지를 철수시킨다는 SACO합의의 기간은 이미 지나가고 있었고, 신기지건설은 불가능할 것이라는 사회적 분위기가 확산되어 감에 따라 신기지 건설반대 여론은 계속 늘고 있었

---

21) Gavan McCormack, "Okinawa and the Revamped US-Japan Alliance," ZNet (November 16, 2005), p.2.

다. 일본 중앙정부가 물리적 강제력을 사용하지 않은 것은 여론의 지지가 약함은 물론, 6월의 현의원 선거와 7월의 참의원 선거가 부담으로 작용했기 때문이다. 시추조사 착수 직전, 참의원선거에서는 전국에서 유일하게 전야당 공동투쟁이 헤노코 신기지 건설반대를 주장했다.

참의원선거에서 통일야당후보가 승리했다. 신기지건설용인파는 건설촉진의 목소리를 높였으며 나하방위시설국은 농성하는 주민의 저지선을 우회하여 남부의 항구에서 배를 내어 해상에 시추용 망루를 설치했다. 농성하는 주민들은 80세 이상에서 심지어 90세도 있었으며 어부와 도시민들이 혼재되어 있었다. 이들은 건설을 위한 기초조사를 하려는 것을 어선과 카누로 방해했다. 그 후 500여 일간에 진척이 거의 없었다.

2005년 10월에 미국 부시 대통령의 일본 방문 전에 이 문제를 해결하려고 일본정부는 노력했으나, 결국 고이즈미 수상은 초기의 재배치 계획은 주민저항으로 실행이 불가능하다고 인정했다. SACO협약의 9년 동안의 실행은 '듀공'의 숫자를 파악한 것과 4개의 조명탑을 설치했다가 철거한 것뿐이었다. 2005년 10월 29일 헤노코의 1458명의 어부들이 정부의 계획을 무산시켰던 것이다. 이와 같이 첫 이전지로 결정됐던 헤노코 지역 주민들의 끈질긴 반대 시위가 계속되자 미일 양국정부는 다시 나고시에 있는 기존 스와브기지를 확장해 이전하는 계획을 추진 중이다.22)

미국은 범세계적 방위태세검토(Global Posture Review: GPR)를 통하여 해외 미군을 주둔군 개념에서 점차 기동군으로 전환하기 위해 기동화·신속화·경량화를 추진하고 있다.23) 이에 따라 오키나와 미군기

---

22) Ibid., p.3-4.

지의 운명도 현재 미국과 일본 정부가 협상 중인 주일미군 재배치계획
에 따라 결정될 것으로 보인다. 2006년 5월에 합의한 미군재배치계획
에 따르면, 미일동맹 강화를 위해 자위대와 미군과의 일원화를 추진하
는 것과 동시에 2014년까지 오키나와 주둔 미 해병대 8,000명의 괌 이
전, 후텐마 비행장 이전을 완료할 것이라고 한다. 그리고 해병대 헬기
부대는 캠프 슈와브로 이전하고, 가테나 공군기지 등에서 실시하던 공
군전투기 훈련은 2006년부터 일본 본토의 항공자위대기지 6곳에서 분
산 실시하기로 했다. 총 300억 달러에 이르는 이전 비용에 대해서는
확실한 결정이 나 있지 않다. 그리고 2014년 이후 오키나와 현 내 6개
시설에 대한 토지 반환도 결정되었다.

V. 맺는말

　일본의 중앙정부는 미국과의 긴밀하고 우호적인 동맹관계를 유지하
고, 이를 통해 자국의 안보를 보장받기 위해 오키나와 미군기지의 존속
에 매우 적극적이다. 또한 미국도 아시아 태평양지역에서 자국의 영향
력을 확대하고, 동북아의 긴장을 완화하기 위한 세력균형자로서의 역
할을 유지함은 물론, 일본의 재무장을 막기 위해서도 미군의 오키나와
주둔에 사활적인 이해관계를 갖고 있다. 그러나 이런 정책의 결과는 오
키나와 주민들에게 상당한 갈등과 피해를 안겨 주었다. 오키나와는 일
본 전체 면적의 0.6%를 차지하지만 주일 미군기지의 75%를 떠맡고 있

---

23) 해외미군의 방위태세검토와 관련, 주일미군의 재편에 대한 자세한 분석은 김국신
　　·배정호, "주일미군 재편의 의미와 시사점"(통일연구원, 2006년 5월) 참조.

고, 37개의 기지는 오키나와 본섬의 18.7%를 차지하고 있어 장기적으로 오키나와 주민들의 불만이 쌓여온 것은 당연하다 하겠다. 이러한 불만은 1995년의 미해병대원 3명이 저지른 12세 소녀의 성폭행사건으로 폭발하였으며, 이것이 계기가 되어 후텐마 기지반환 약속이 이루어졌으나 대체기지건설은 아직까지 잘 이루어지지 않고 있는 실정이다.

오키나와 현민들 중 일부는 '인간안보' 차원에서 기지문제에 접근하며, "오키나와인들의 삶을 파괴하는 군사적 안보가 진정한 안보인가"라고 주장한다. 그리고 "왜 오키나와에만 기지 건설을 강요하는가?"라는 강한 반발을 보이고 있다. 일본 정부가 기지가 꼭 필요하다면 오키나와 기지를 본토로 옮기라는 것이다. 그러나 한편으로는 현실적인 측면에서 미군기지가 떠나면 일본 안에서 가장 낙후된 오키나와 경제가 무너지지 않겠느냐는 우려를 하는 사람들도 적지 않다.

슈와브기지를 확장해 후텐마기지 시설을 받아들이는 문제가 최대 쟁점이 됐던 2006년 1월 22일 나고시 시장선거에서도 결국 기지 확장에는 반대하지만 경제발전을 위해서는 협상할 수 있다는 후보가 당선되었다. 그리고 2006년 11월 19일에 있었던 오키나와 현 지사 선거에서도 "미군기지 전면 철수"를 주장한 강력한 기지 건설 반대 운동가인 게이코 이토카즈(Keiko Itokazu) 후보는 31만표를 얻었고, 반면에 "경제를 생각해서 미군기지를 축소하자"는 중앙정부 입장을 지지하는 히로카즈 나카이마(Hirokazu Nakaima) 후보가 35만표를 얻어 당선되었다.[24] 따라서 미군기지 문제에 대해서는 경제를 살리면서 점점 축소해 가자는 여론이 약간 높다고 하겠다. 오키나와 현청의 공식적 입장도 점

---

24) Suvendrini Kakuchi, "Okinawa Poll Results Boost for US Military Ties, IPS (November 21, 2006) 참조.

차 축소하자는 것이다. 더욱이 기지 땅에 대한 소유권이 있어 매년 일본 정부로부터 상당한 임대료를 받는 대지주, 기지 고용인들과 나머지 주민들 사이에 기지문제를 둘러싸고 분열도 나타나고 있는 것이 오늘의 현실이다.

1988년 오키나와 현은 나하공항과 나하항의 중간 지역에 '자유무역지역'을 설정하여 국제물류의 거점으로 활용하려는 정책을 시행했으나, 사실상 기대한 바처럼 잘 추진되지 않았다. 마츠시다(松下) 전기 등 대기업 유치는 실현되지 못했으며, 당초 27개사였던 입주 기업도 11개사로 줄었고, 모두 적자경영 상태에 처하고 말았다. 중앙정부의 반대로 과세혜택이 주어지지 못하게 되어 조세제도 상 다른 항만과 차이가 없다는 점에서 자유무역지역은 유명무실해졌던 것이다.

일본 중앙정부는 1996년 가을부터 '오키나와정책협의회'를 설치하여 오키나와 경제 진흥책을 검토해 왔는바, 최대의 초점은 '1국 2제도'의 도입 문제이다. '1국 2제도'는 오키나와에만 특별한 제도를 적용하여 '경제특별구'로 만드는 구상이다. 1996년 8월 오키나와 현측에서 독자적으로 작성한 바 있는 '국제도시구상'에서는 법인세 경감, 노-비자제도의 도입을 요구하고 있으나, 오키나와 현만을 특별 취급하는 제도에 대해 중앙정부는 난색을 표명하고 있어 이의 성공이 쉽지만은 않은 상황이다.

이와 같은 경제의 어려움이 오키나와 주민들로 하여금 즉각적인 미군철수와 같은 급진적인 주장을 하기가 어렵게 하고 있으며, 점진적으로 축소해가면서 오키나와 경제를 군기지에 의존하지 않는 새로운 방향으로 적응시켜가자는 것이 오키나와 주민들 다수의 생각인 것 같다.

한편, 오키나와 미군기지 문제는 전통적으로 중앙정부의 전관 사항으로 간주되어온 안전보장 분야에 있어 지자체의 관여가 어느 선까지 이루어질 수 있는가하는 새로운 문제를 제기한다. 일본은 국내 군사기지가 해당 지역 주민의 납득 없이는 유지되기 어려운 시대를 맞고 있다고 할 수 있으며, 이는 기지에 대한 경제적 부담의 가중으로 나타나게 될 것이다.

또한 오키나와 미군기지 문제는 동맹국 내 한 지방의 행동여하에 따라 미국의 아시아 태평양 및 세계전략이 그 근저에서 영향 받을 수 있다는 선례를 남겼다. 이는 미국이 미일 안보동맹을 유지하기 위해서는 일본의 중앙정부뿐만 아니라 그 이해관계가 걸린 지자체의 동향에도 신경을 써야하는 단계에 들어서고 있음을 의미한다. 오키나와 미군기지 문제를 해결하기 위해 오키나와 현 지사는 중앙정부를 뛰어 넘어 미국 정부 및 의회에 직접 호소하는 방식을 활용했으며, 중앙정부도 이를 제지할 수 없었던 것이다. 아울러 미국정부도 해외주둔 미군을 계속 유지하기 위해서는 중앙정부만이 아니라 해당 지방정부 및 지역주민들과의 우호적 관계 설정에 적극 노력하는 것이 매우 중요한 시점에 와 있다고 하겠다.

평화환경과 평화시설

I. 들어가며

제주도가 평화의 섬으로 지정되었으나 이에 대한 도민 및 타 지역 주민들의 인지도는 상당히 낮아 지속적인 홍보와 관련 사업을 통한 참여 프로그램의 개발이 필요한 실정이다. 한편으로는 평화라는 개념 설정에 있어서도 상당히 주관적이고 추상적인 면이 강하여 추진되는 평화 사업의 기본적인 전략과 목표 설정에 있어서도 상당한 혼선이 있는 실정이다.

특히 환경과 평화와의 관련성에 대한 논의가 보다 밀도 있게 이루어져야 할 필요성이 있으며 이를 통한 실천적인 방안이 제시, 논의되는 것이 중요하다고 할 수 있다.

일상생활 자체가 여러 가지 요인들에 의해 위협을 받게 되어 기본적인 삶이 지속될 수 없는 경우, 1차적인 평화가 위협받게 되는 것이며 나아가 지역사회 및 국가가 궁극적으로 추구하는 2차 및 3차적인 평화, 즉 범죄 및 교통과 같은 지역 내 생활공간 상의 평화와 국민의 안보평화도 위협받게 되는 순환적 구조를 갖게 되는 것이다.

필자 : 김태일(제주대학교 건축학부 교수)

따라서 향후 평화환경의 의미를 단순히 정치 및 안보적 측면에서 다루는 상위개념에서 탈피하여 생활환경측면에서 다루는 하위 개념에서의 접근, 즉 과거 이념적 갈등과 희생의 상처가 남아 있는 역사유적의 보존과 활용, 그리고 생태환경을 통한 평화이념과 평화교육의 구축에 초점을 두어 논의하는 평화환경으로의 패러다임 전환이 요구되고 있다.

본장에서는 제주와는 지리적, 역사적 문화적 측면에서 적지 않은 유사성을 갖고 있으며 특히 근대사에 있어서 제주의 4·3사건과 같이 태평양전쟁에서 수많은 주민의 희생을 경험하였던 오키나와와의 비교 논의를 통해 평화시설 건립 이념과 시사점, 그리고 평화관련의 자원 활용을 통한 평화이념과 평화환경 구축의 방향에 대하여 논의하고자 한다.

Ⅱ. 오키나와와 제주의 유사성과 평화환경구축의 시사점

1. 오키나와와 제주의 유사성

앞서 언급한 바와 같이, 오키나와와 제주는 역사적 문화적, 지리적 측면에서 유사성을 갖고 있다.

과거 오랜 역사를 통해 류큐(琉球)왕국으로 불리웠던 오키나와와 크고 작은 교역관계가 형성되어 상당히 밀접한 교류관계를 형성하여 왔다. 특히 의식주(衣食住)문화에 있어서는 돼지고기를 많이 섭취하는 것, 비바람을 의식한 돌담과 진입방법, 통시의 그것은 제주의 주거공간과 상당한 유사성을 갖고 있다.

특히 근·현대사적 측면에서 볼 때, 태평양전쟁을 통해 일본군에 의해 상당수의 오키나와 주민들이 희생되었던 점은 4·3사건으로 인해 인적 물적 피해를 입은 제주의 상황과 유사하다고 할 수 있으며 주민들의 평화적 환경에 대한 추구의 요구와 활동 역시 제주의 사회적 여건과 유사성을 나타내고 있다고 하여도 과언이 아닐 것이다.

이러한 오키나와와의 유사성은 평화적 환경 구축에 대하여 다양하게 논의 되고 있는 제주에 있어서 시사하는 점이 많다.

2. 오키나와에서의 평화시설을 통한 평화교육의 시사점

오키나와에서 이루어지고 있는 평화관련 시설의 논의는 크게 2가지로 요약될 수 있다. 하나는 행정기관을 중심으로 추진되고 있는 평화시설이고, 또다른 하나는 평화네트워크와 같은 NGO를 중심으로 이루어지는 태평양 전쟁 당시의 유적조사와 보전, 그리고 평화교육을 위한 시설활용으로 구분 할 수 있다.

행정기관에 의해 건립된 대표적인 평화시설이 "오키나와현 평화기원 자료관"을 중심으로 형성된 평화공원이다. 반면 NGO를 중심으로 활용되고 있는 평화시설은 갱도, 진지, 희생터와 같은 태평양전쟁 관련 시설물과 오키나와 주둔 미군기지 반대 운동을 통한 평화시설물의 활용이 대표적인 사례이다.

중요한 점은 행정기관에 의해 추진된 평화시설이든 NGO에 의해 발굴, 활용되고 있는 평화시설이든 명확한 목적을 갖고 추진되고 있다는 점이다. 그것은 오키나와의 평화에 대한 절실한 바람을 대내외적으로 전달하고자 함이다. 특히 NGO 활동에 있어서는 다음과 같은 더욱 명확한 목표를 제시하고 있다.

1) 배운다

2) 다음세대에게 전한다

3) 지금의 현상을 들여다 본다

4) 다른 사람에게 알린다(정보교환)

5) 만들고 전달한다.

6) 지원하며 확대해 간다

이러한 목표를 통해 스스로 배우고 또한 역사적 사실(史實)에 대한 정확한 파악과 교육적 가치의 활용, 그리고 제작·건립과 전달이라는 일련의 과정을 체계적으로 구축하여 운영하고 있는 점은 세계평화의 섬을 지향하는 제주에 시사하는 바가 크다.

Ⅲ. 기념시설 건립과정과 건립이념을 통한 오키나와 평화기원 자료관과 제주4·3평화기념공원의 비교

1. 오키나와 평화기원자료관의 건립프로세스와 시사점

1) 오키나와 평화기원자료관의 건립 프로세스와 건축적 특징

1975년 오키나와현은 현민 개개인의 전쟁체험을 결집하여 전몰자의 추모와 오키나와 지역에서 일어난 전투의 교훈을 다음세대에 전하고, 나아가 전 세계의 사람들에게 영원한 평화를 호소하기 위해 오키나와 현립 평화기원자료관을 건립하게 되었다.

그러나 시설면에서의 협소함과 노후화로 인해 전시, 수장에 많은 어려움이 발생하는 등의 문제가 있어 새로운 자료관 건립을 추진하게 되어 2000년 4월에 이전 개축하게 되었다.

그러나 오키나와현 평화기원자료관의 건립 배경에는 단순한 시설물의 노후화뿐만 아니라 전시물과 전시방법 등에 있어서 오키나와 전투의 참혹한 실상과 반전(反戰)의 목소리를 알리기 보다는 피해자로서의 일본을 알리는 전시홍보에 치중된 점을 개선하기 위함이 더 큰 목적이었다고 생각된다.

특히 평화공원 전체 배치도를 보면 군국주의적 공원설계의 면을 잘 파악할 수 있다. 주차장으로 긴 축을 따라 진입하는 길, 좌우 대칭적인 공간배치, 그리고 국가 권력을 상징하는 하늘을 향해 높게 세워진 추모비, 일본 각 현에서 건립한 추모탑의 공간 등은 지극히 군국주의적 사상이 짙게 배여 있는 기념공원임에는 틀림없다(그림1).

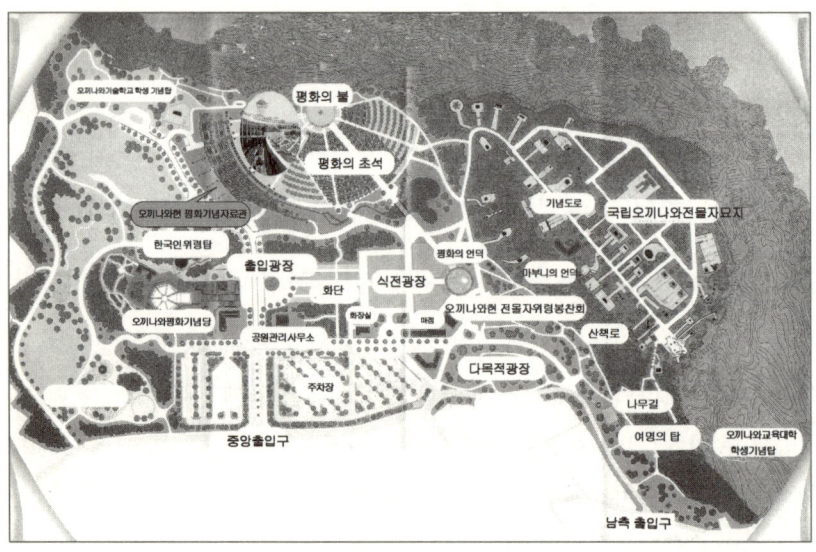

그림1. 오키나와 평화기원공원의 평면도

반면 새롭게 건립된 평화의 초석(그림2)과 오키나와현 평화기원자료관(그림3)의 특징은 전쟁의 참상과 희생자의 넋을 추모하기 위한 개념적인 구조물의 설치와 전시기법을 도입하고자 한 점이 기존의 기념시설물과의 차이점이다. 평화의 초석에는 오키나와전투에서 전사한 사람들의 이름이 새겨져 있는 시설물로서 태평양전쟁 종결 50주년을 기념하여 건립되었다. 평화의 초석에는 중앙에 평화의 광장이 있고 중앙에 평화의 추모불이 놓여 있는데 6월 23일 「위령의 날」의 일출방향에 맞추어 평화의 추모불이 위치하고 있고, 평화의 광장을 중심으로 연결된 각명비 사이의 보행자의 길과 연결시킴으로써 새로운 희망과 추모자의 영혼을 달래고자 설치된 추모공간의 시설물이다(그림1의 평면도 참조).

오키나와현 평화기원자료관은 1995년 "평화기원자료관 이전개축사업" 추진 검토위원회를 설치하여 이전 개축에 대한 기본구상을 마련하였고 기본구상의 조사업무를 민간에게 위탁하는 등 기초적이고 체계적인 준비를 마련하였다. 1996년에는 "평화기원자료관 이전개축검토위원회"를 설치하여 자료관의 기본이념, 전시계획, 사업활동, 시설계획, 관리운영 등에 관한 기본계획보고서를 작성하였고 이를 근거로 오키나와현에서는 기본계획을 수립하게 되었다.

아울러 1996년 제안(propose)방식과 에스키스(esquisse)방식을 혼용한 제안·에스키스(propose+esquisse) 방식에 의한 시설설계안을 확정하고, 동시에 전시제작을 추진하였다. 주목할 점은 전시제작에서의 공정한 역사적 사실에 대한 검증의 중요성을 인식하여 "평화기원자료관 감수위원회"를 설치하여 위원회의 감수 아래 전시실설계가 이루어졌다는 점이다. 이는 역사적 사실에 대한 왜곡의 경계와 전쟁의 참혹함을 진솔하게 후세에 전달하고자 하는 의지라고 생각된다.

그림 8. 평화 공원을 상징하는 평화의 초석(각명비는 평화의 초석을 중심으로 배열되어 있다)

그림 9. 오키나와현 평화기원자료관의 외관
(오키나와 전통가옥이미지를 연상하게 하는 지붕형태로 구성되어 있다)

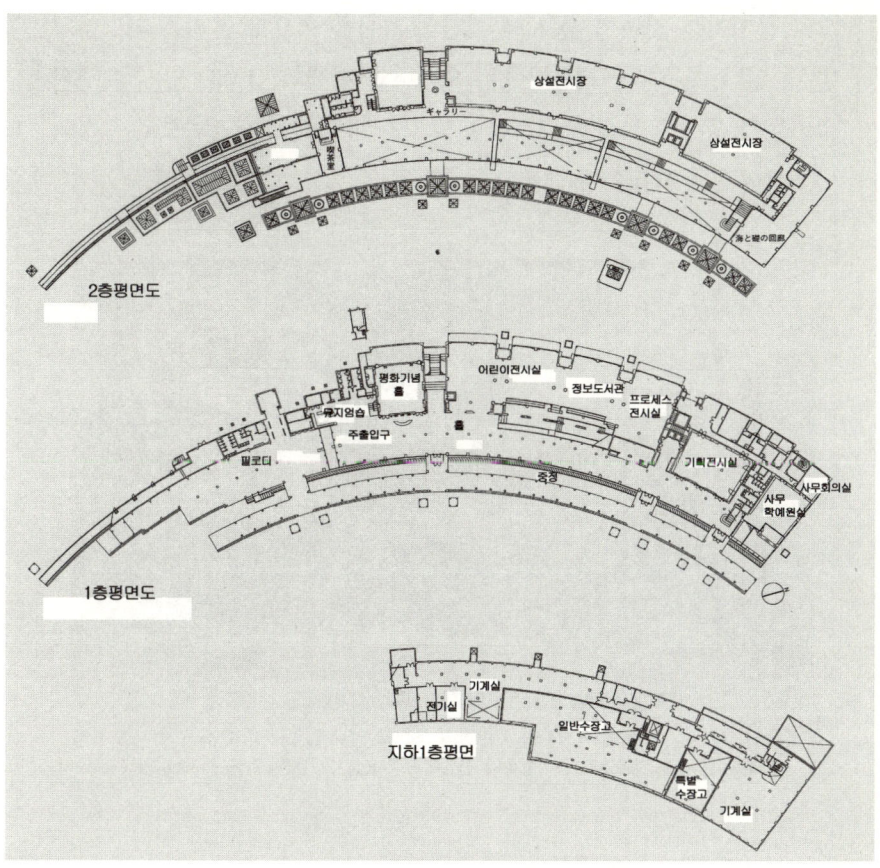

그림 10. 오키나와현립 평화기원자료관의 평면도

평화기원자료관의 공간적 특성은 평화의 초석의 추모불을 중심으로 반원형의 구조를 한 공간구조를 가지며 경사로를 따라 외부의 각명비와 태평양을 조망하면서 2층의 전시공간으로 진입하도록 계획되어 있다(그림4). 이는 다분히 의도된 것으로 각명비의 추모자를 기림과 아울러 태평양에서 희생된 이름 모를 추모자를 기리면서 과거 전쟁의 기억

으로 들어가는 것이며, 동시에 시간의 흐름을 역으로 돌리는 의도라고
할 수 있다. 2층의 전시공간에는 오키나와 전쟁의 참상과 당시 희생된
주민들의 생생한 모습을 고스란히 담고자 다양한 전시기법으로 구성되
어 있는 것이 특징이다(그림5).

그림 11. 오키나와 전쟁에서 희생된 사람들의 사진과 당시 입었던 의복 등의 전시를 통해
참혹한 당시를 전하고 있는 "지옥의 전쟁터" 전시공간 이미지(팜플렛 자료 인용).

주 전시공간인 2층을 거쳐 1층으로 이어지는 전시공간은 전쟁의 기
억이 아니라 미래의 주역인 어린이를 위한 미래의 이야기를 담고 있다.
그럼에도 불구하고 태평양 전쟁을 미화하고 여전히 피해자로서의 일
본을 의식하는 세력들에 의해 전시기법에 있어서 일본군이 총검으로
오키나와 주민을 위협하는 장면이 보호하는 장면으로 바뀌는 등 적지
않은 문제점도 안고 있는 것이 현실이다(그림6).

그림 12. 오키나와 전쟁 당시의 동굴 생활 모습을 재현한 이미지(팜플렛 자료 인용)

2) 오키나와현립 평화기원자료관의 시사점

앞서 언급한 바와 같이, 시설물 건립을 위해 1996년 평화기원자료관을 위한 설계개념안의 현상 공모(제안방식, propose)를 실시하고, 같은 해에 전시공간을 위한 현상 공모(디자인공모방식, competition)를 별도로 실시함과 아울러 공정한 역사검증을 위해 감수(監修)위원회를 별도로 설치하여 위원회의 감수(監修) 아래 전시설계가 이루어졌다.

건축물에 대한 설계발주형태는 다양하게 이루어지는데 제안(propose) 방식, 에스키스(esquisse)방식, 디자인공모(competition)방식, 입찰방식 등으로 구분된다(표1). 사업의 성격과 예산에 따라 적용되는 방식이 달라질 수 있겠으나 오키나와현립 평화기원자료관의 경우, 2단계 방식을 거쳐 기념관을 제안 받고자 하였던 점은 평화 상징물로서의 기념관 건립과정에 있어서 시사 하는 바가 크다고 할 수 있다.

특히 주목할 점은 전시물 수집에 있어서도 현상 설계 사업이 추진되기 3~4년 전부터 준비하여 온 점은 제주의 4·3기념공원의 건립과정과는 다른 점으로 사업추진의 프로그램 개발 및 매뉴얼 작성 등 벤치마킹할 부분이 많다고 생각되며, 향후 평화시설물의 보존과 건립에 있어서 신중히 고려하여야 할 점이라고 할 수 있다.

역사적 가치가 있는 건조물을 평화시설물로 활용할 경우, 특히 신중하여야 할 점은 ①가능한 한 인위적인 건조물을 새롭게 건축하지 않도록 하여야 한다는 점과 ②평화시설물에서 요구되는 인간적 숭고함과 엄숙함이 상실되지 않도록 하되 특히 상징적이고 이념적인 건축물 건립이라는 이름아래 거대하고 비인간적인 평화시설물이 되지 않도록 하여야 한다는 점, ③그리고 평화시설물 건립에 따른 효율적인 전시계획 수립을 위해 적어도 수년 전부터 수집 및 관리하여야 한다는 점[1]을 강조할 수 있다.

현재 건립중인 4·3기념공원을 둘러싼 많은 문제점, 부지의 위치선정 문제와 규모, 전시방법, 향후시설의 운영과 관리문제는 현상설계 공모 초기부터 제기되어 왔던 사항으로 향후 평화시설 추진에 있어서 시사하는 바가 많다고 생각된다.

---

1) 이 문제는 평화시설물의 건립 후 운영 및 관리 프로그램과도 밀접한 관련성이 있으며 중요한 부분이다.

표 1. 전시설계발주의 형태 및 내용(인용자료)

		제안 (propose) 방식	에스키스 (esquisse) 방식	디자인공모 (competition) 방식	입찰 방식
전시의 기본적인 개념	목적	O	O	O	O
	성격	O	O	O	O
	기본테마	O	O	O	O
전시계획	전시시나리오		O	O	O
	배치 · 동선계획		△	△	O
	전시자료 리스트		△	O	O
	전시연출계획				O
	건축설계의 조건				O
전시운영 계획	운녕형태와 소식				
	운영기본프로그램				
기타	정비 스케쥴			O	O
	정비비 개산(槪算)			O	O
	전시설계업무이방서				O

2. 죽음과 죽은 자를 기리는 공간(시설물)에 대한 생각

2000년 들어서면서 제주도에 가장 큰 관심중의 하나가 4·3사건에 대한 국가적 차원에서의 해결을 통한 화해와 상생의 정신을 정립하는 것이었다. 그리고 4·3사건의 정신을 계승 발전시키기 위한 4·3기념공원의 조성사업은 제주도 건축인뿐만 아니라 의식있는 국내 건축인들에게는 지대한 관심의 대상이었다.

1948년 4월 3일에 발생한 4·3사건[2]은 과거 이념적 논의조차 하기

---

2) 해방 이후 제주도에서는 남한 단독정부수립을 반대하는 데모가 발생하였다. 그러나 1947년 3월 1일에 경찰발포사건이 발생하였고 다음해인 1948년 4월 3일 제주전

힘들었던 군사정권아래에서 잊혀져오다가, 50년이 지난 오늘에서야 공개적인 논의가 되고 있다. 냉전시대의 종결에 따라, 이제 반목과 갈등의 대립적 시대를 마무리하고 용서와 화합의 새천년을 맞이하기 위하여 국가차원에서 추진 중인 사업의 일환이라고 할 수 있다.

4·3기념공원사업은 1차 현상설계를 실시하였으나 당선작을 선정하지 못한 채 추진과정상의 준비부족과 참여건축가들의 거센 반발을 야기 시키는 등 프로그램상의 미숙함이 들어난 사업이 되고 말았다.

게다가 4·3기념공원의 프로그램을 보완하기 위한 공청회과정이 있었으나 4·3사건의 시대적 아픔과 교훈을 전해줄 수 있는 전시물의 미확보와 전시방법의 미비, 특히 사후 운영관리 방안과 이념적이며 상징적인 공간구성과 건축물 조성 등 가장 핵심적인 사항에 대한 논의가 충분히 이루어지지 않은 채 2차 현상설계를 하게 되었다. 당시의 높은 관심을 반영하듯 2차 현상설계에서는 많은 작품이 제출되었고 「공간그룹」의 설계안이 당선작으로 선정되었다(그림 7). 그러나 의욕적으로 추진되고 있었던 4·3기념공원사업은 장소선정의 문제와 구체적인 시설물의 공간구성과 전시기법 등 많은 문제점이 지적되었고, 특히 4·3기념공원이 안고 있는 문제는 죽은 자를 생각하고 영혼을 위로하며 평화를 기원하는 이념적 공간이라고 하기보다는 시설물의 위치와 규모면에 있어서 지극히 단순한 공원으로서의 성격에 지나지 않는다는 점이다.

이는 오키나와현립 평화기원공원도 마찬가지이다. 죽은 자를 기리는 기념공원이 갖추어야 할 점은 시설의 규모의 문제가 아니다. 가장 중요

역에 본격적인 항쟁이 발생하여 무장봉기로 이어졌다. 정부는 무장봉기세력의 배후에 좌익세력이 있다고 판단하여 제주에 군대를 파견하여 토벌하기 시작하였으나 토벌 과정에서 많은 민간인이 희생된 사건이다.

매년 4월 3일에 거행되는 위령제의 모습(인용자료)

당선 안(공간그룹)

2등 안(희림 종합건축사사무소)

3등 안(조성룡도시건축)

그림 7. 4 · 3 기념공원의 현상설계 공모안

한 것은 아까운 목숨이 정치적 이념의 차이와 무모한 전쟁으로 희생되었음을 영원히 잊지 않으며 동시에 다음세대에는 이러한 교훈을 영원히 전달하기 위한 평화시설물이다.

그 대표적인 평화시설물이 미국 워싱턴에 있는 베트남 참전기념관이다. 이 평화시설은 일반적인 기념관의 상식을 깨고 내부공간이 없는 단순한 외부 구조물의 기념관이다. 지면을 따라 서서히 내려가면서 베트

그림 8. 마야 린이 설계한 베트남 참전기념관
위왼쪽 : 지형을 이용하여 진입하는 모습,
위오른쪽 : 각 명비에 비쳐지는 산자의 모습과
죽은자와의 교감
아래왼쪽 : 다시 지면으로 올라가는 모습

남전에서 전사한 군인들을 기리는 기념물(각명비)이 관람들에게 전개 되며 이 순간에 기념물의 위에는 산자(관람객)의 그림자가 기념물 표면 의 죽은 자의 이름 위에 교차함으로서 영혼과의 교감과 추모의 마음이 발생하도록 의도되어 있다. 그리고 산자는 다시 지면 위로 나가는 공간 구조로 되어 있다(그림 8).

　우리나라의 경우, 불행하게도 여전히 넓은 면적에 큰 구조물이 있어 야 한다는 평화시설물에 대한 고정관념이 행정기관이나 일반 시민들의 의식구조가 지배적이어서 진정한 추모공간을 만들어 가기에는 상당히 많은 어려움이 있는 것이 지금 우리가 직면한 현실이다.

　한편으로는 새롭게 대규모의 평화시설물을 건립하기보다는 기존의 역사문화유적을 평화시설로 적극 활용하는 방안도 의미 있을 것이다.

Ⅳ. 오키나와지역의 또 하나의 평화 유적지, 야전병원

오키나와 전쟁이 있기 1년 앞서 오키나와에는 중국대륙으로부터 제32군사령부를 중심으로 하는 독립혼성 제44여단, 제9사단, 제24사단, 제62사단 등 많은 부대들이 이동해 왔다. 이들 각각의 부대는 예하에 야전병원을 구성하고 있었는데 광범위한 지역에 야전 병원이 산재해 있었던 것으로 보인다(그림 9).

특히 이들 야전병원들은 오키나와 전쟁 당시 미군의 공격을 피하기 위해 동굴을 만들어 야전병원으로 활용하였는데 현재 많은 지역에 남아 있는 것으로 전헤지고 있다(그림9).

현재 남아 있는 대표적인 일본군의 야전병원중의 하나가 야에세(八重瀬) 언덕에 구축되었던 제24사단의 야전병원이다(그림 10).

이 야전병원은 언덕에 수많은 동굴을 구축하여 야전병원으로 사용하였다. 미군의 결렬한 공격을 피하기 위해서이다. 이 동굴에는 여러 가지 기능을 가진 실들로 구성되어 있었던 것으로 전해지는데 수술실까지 구비되어 있었던 것으로 전해진다. 동굴에서의 수술실(그림 11)은 1명이 잠을 잘 수 있는 침대가 놓여 질 정도의 공간으로 수술대를 중심으로 군의관, 간호사 2명, 위생병, 그리고 강제 동원된 학도2명이 수술에 참가하였다[3].

야전병원의 동굴에 수용된 병사들은 적절한 치료를 받지 못해 며칠 동안 방치되는 등 적절한 치료를 받지 못한 체 죽어가는 경우도 많았고 병원 철수 당시에는 군 기밀을 유지하기 위해 자결을 강요받는 등 억울한 죽음을 강요받았던 경우도 있었다.

---

3) 沖縄平和ネットワーク編(2004)、シリーズ沖縄の戦争遺跡2 "八重瀬の戦争", p.10.

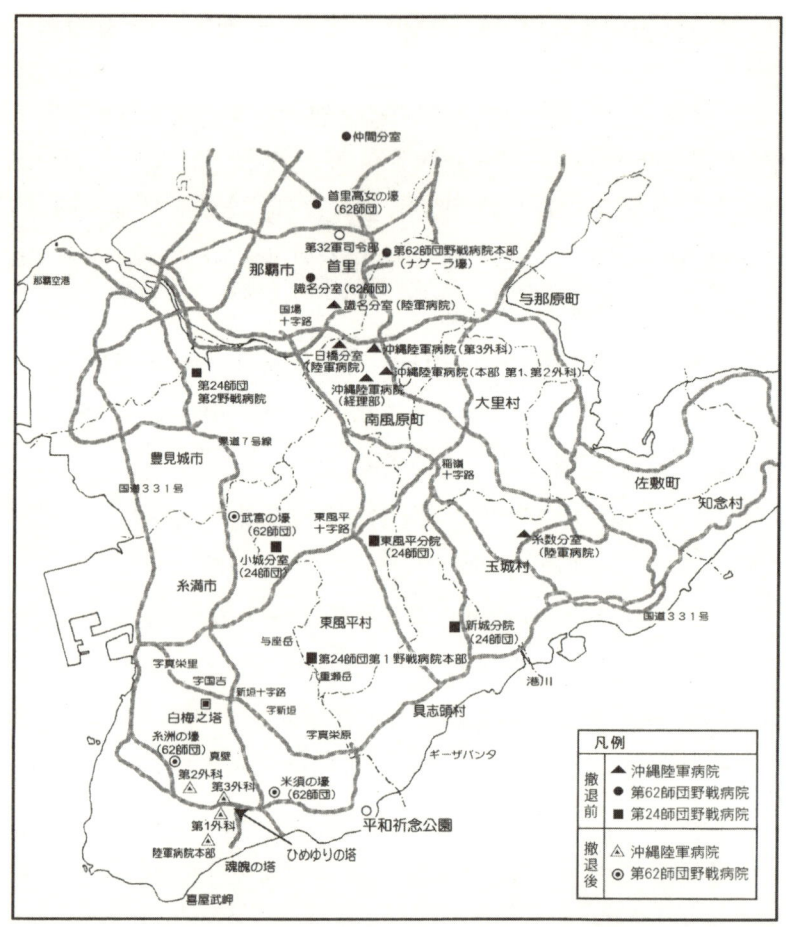

그림 9. 오키나와의 중남부에 배치되었던 일본군의 야전병원 위치
(인용자료 : 沖縄平和ネットワーク編(2004), シリーズ沖縄の戦争遺跡 2 "八重瀬の戦争", p7)

그림 10. 오키나와에 주둔하였던 제24사단의 야전병원이 있었던 야에세 언덕전경
（인용자료：沖縄平和ネットワーク編（2004），シリーズ沖縄の戦争遺跡２"八重瀬の戦争", p8)

그림 11. 야전병원의 수술실로 사용되었던 동굴 내부의 모습
（인용자료 ： 沖縄平和ネットワーク編（2004），シリーズ沖縄の戦争遺跡２"八重瀬の戦争" p.8)

일본군이 방어목적으로 구축하였던 많은 시설물중 동굴은 제주지역
에서도 적지 않은 편이다. 때로는 야전사령부로 혹은 방어 목적으로 때
로는 공격용 무기들을 숨겨두기 위한 목적으로 구축된 것들이다. 제주
지역에서 전쟁이 발생하였다면 오키나와지역과 마찬가지로 병원시설
물 혹은 공격용 갱도 등 다양하게 활용되었으리라 생각된다.

60여년이 지난 오늘 이들 전쟁유적들은 당시의 참혹한 생활과 전쟁
의 폐해를 고스란히 전해주는 역사의 장(場)이자 교육의 장(場)이기도
하다. 평화를 사랑하고 평화를 지향하는 평화의 섬, 제주도도 이러한
전쟁유적을 단순한 관광자원으로서의 의미부여 보다는 먼 훗날의 주역
이 될 세대들에게 남겨줄 역사적 메시지를 전달할 것인가 신중한 고민
이 필요한 시기이다.

V. 역사문화자원을 이용한
평화환경 · 평화교육의 실천으로의 전환

세월이 흘러 일제 강점기 유적이 거의 대부분 방치되어 있거나 훼손
에 의해 원형유지가 곤란한 사례가 많은 편이어서 체계적인 정리나 조
사의 필요성이 대두되고 있다. 아울러, 역사적 산물이라고 할 수 있는
이들 유적에 대한 문화재적 가치를 평가하여 보존하는 방안도 고려하
여야 할 것이다.

따라서 주요 유적에 대한 정확한 파악이 이루지고 그에 대한 역사적
가치를 평가하여 우선순위를 정하여 복원 정비를 하되 평화교육의 장으
로 활용될 수 있도록 프로그램의 개발 및 연계방안의 검토가 필요하다.

김승영-peace희망

안병덕작-백상어의 꿈

김황록작-사물의 꿈

그림 12. 송악산 해안절벽 아래 일본군들이 중·일 전쟁 때 파놓은 진지동굴(15개)을 전시장으로 꾸며, 설치미술로 전쟁 역사를 알리기 위해 광복60년기념사업으로 실시되었던 Wind Art Festival (바람예술제) - '결7호작전'의 작품.

활용방안의 하나로서 평화의 이념을 바탕으로 둔 문화·예술공간으로 활용하는 것은 유적보존과 교육의 장으로서의 활용이라는 측면에서 효율적인 활용방안이 될 수 있다(그림 12). 즉, 일제 강점기 유적이 위치한 지역과 유적의 땅이 내포하고 있는 역사적 사실(史實)과 문화적 개념이 혼재한 역사문화공간이자 예술공간으로 개조하여 활용하는 것이다. 이러한 공간을 통해 이 시대를 살아가는 사람들에게 오랫동안 잊혀진 제주지역의 역사적 사실(史實)을 높은 수준의 문화로 전파되면서 이 땅 제주의 역사적, 문화적 가치성이 더욱 높아지리라 생각한다.

Ⅵ. 맺으며 : 제주 평화의 섬과 평화상징물·시설에 대한 小考

반세기 이전에는 이곳 제주에 많은 일본군이 주둔하고 있었고 태평양 전쟁의 막바지에는 일본 본토를 사수하기 위한 최후의 저항지로 생각하여 아름다운 땅 제주의 곳곳에 수많은 진지와 비행장, 그리고 갱도를 구축하였다. 그리고 이 과정에 수많은 제주사람들이 강제 동원되어 노역을 하여야 했던 어려운 시기도 있었다.

그리고 해방 후 발생한 4·3사건은 또 한번, 제주사람들에게 큰 아픔을 주었던 사건이었다. 때로는 토벌대에 때로는 산사람들에 의해 무고한 많은 사람들이 희생되었던 가해자와 피해자가 오랜 세월동안 갈등과 대립이 이어져왔다. 최근 화해와 상생을 바라는 사회적 분위기가 조성되기 시작하면서 희생된 분들의 넋을 위로하고 근현대사의 아픔을 영원히 잊지 않기 위해 이 땅 제주가 세계평화를 염원하고 나아가 평화정착을 위한 중심지가 되어야 한다는 취지에서 국가가 세계평화의 섬 제주를 공식 지정한 것이다.

그런데 걱정스러운 사항 중의 하나는 평화시설 사업에 대한 이념적 철학적 접근이 너무 빈약하다는 점이다. 평화란 무엇인가? 그리고 제주에서 찾고자 하는 평화적 이념은 무엇인가? 에 대한 소박하고 근본적인 물음에 대한 진지한 고민이 없었던 것이 아닌지 의심스럽기 때문이다.

평화시설의 상징물은 크고 높은 것만이 상징성을 나타내는 것은 아니다. 크고 높은 구조물은 아니지만, 그 곳을 방문하였을 때 산자의 가슴을 아프게 하고, 다시는 서로의 희생을 강요하는 어리석음을 하지 않아야겠다는 생각과 다짐을 갖게 할 수 있는 장소와 공간, 그리고 그러한 정신을 담을 수 있는 소박한 건축물을 만들어야 하는 것이 올바른 것이 아닌지 다시 생각해 본다. 그러한 사례들은 얼마든지 있다. 유태인 대학살의 추모관을 상징하는 이스라엘 예루살렘의 "야드 바셈", 캄보디아의 "뚜어슬랭 박물관", 중국의 "난징대학살기념관". 미국 워싱턴의 홀로코스트(나치의 유대인 대학살) 기념관, 크로아티아의 야세노박 수용소 기념관과 같은 크지 않지만 그곳을 가면 꼭 방문하여야 하는 추모관과 기념관들은 시사하는 바가 많다.

한 가지만이라도 충실하게 하고 알차게 마무리 한다면 그리고 이곳 제주의 정서에 맞게 적용해 간다면 이것이 제주다움이 되는 것이요, 또한 제주의 문화적 수준을 높이는 것이다. 항상 세계최대와 세계최고를 찾는다면 진정한 우리의 모든 것을 잃어버릴지도 모르겠다. 국제자유도시를 지향하는 제주이기에 작지만 소박한 구조물, 작지만 평화를 갈망하는 제주사람들의 정신을 전해줄 수 있는 구조물이 더욱 의미 있는 상징물이 될 것이다.

오키나와의 경제

: 추이와 전략

I. 들어가며

오키나와는 제주 사람에게는 '멀지만 가까운 또 하나의 일본'으로 다가온다. 왜냐하면 제주처럼 오키나와는 일본 본토와 다른 독자적인 역사와 문화를 보유해 왔고, 또 2차대전을 전후하여 고난과 비극의 역사를 겪었기 때문이다. 이 글은 오키나와의 경제 현황과 전략을 돌아보면서 특히 경제적 돌파구를 국제관광도시화에서 찾고 있는 오키나와의 경험에서 제주국제자유도시가 배워야 할 것은 무엇이고 넘어서야 할 것은 무엇인지를 점검하려는 하나의 시도이다.

어느 경우이든 경제는 다양한 외부환경의 영향을 받는다. 오키나와의 경우에도 오키나와의 자연적 환경과 지경제적 요인 그리고 역사적-사회적 특성으로부터 강한 영향을 받는다. 그래서 이와 같은 환경적 요인이 오키나와의 경제에 미친 영향을 개괄적으로 살펴보면 다음과 같다.

자연/지리적 특성에서 볼 때 오키나와는 아열대 습윤기후의 특성을 보인다. 이로 인해 오키나와의 농/축산업 경제는 사탕수수와 파인애플, 화훼, 돼지 등의 특산물을 중심으로 발전해 왔다. 또한 오키나와는

필자 : 양길현(제주대학교 윤리교육학과 교수) · 김현숙

도쿄나 오사카 등의 대도시로부터 멀리 떨어져 있는 32개 유인도로 구성되어 있기 때문에 오키나와 스스로 자립적 경제를 이루기는 어렵다. 그래서 오키나와는 동아시아를 연결하는 중계무역이라든가 오키나와의 독특한 자연/인문 환경을 살린 국제관광지화를 추구하고 있다. 이와 같은 오키나와의 자연/지리적 특성으로 인한 경제적 영향은 제주의 경우에도 유사하게 나타나고 있다.

역사적 경험으로 인해 오키나와는 때때로 유구 왕국 시대에 잠시 빛을 보았던 중계무역지로서의 가능성을 꿈꾸곤 한다. 그러나 광대한 배후 소비지역의 부재로 인해 오키나와가 물류허브로 성장할 그 가능성이 크지 않다. 오히려 정보통신 수단이 발달한 21세기 세계화 시대에 부응하여 국제관광과 연계된 국제이벤트 전략이 새로운 대안으로 떠오르고 있다. 그래서 오키나와는 자신들의 자연/인문 환경과 접목한 국제이벤트 사업을 통해 동아시아 국제관광도시로 발돋음 하려는 다양한 전략을 찾아나서고 있다.

오늘날과 같은 오키나와 정치경제적 변화는 2차대전을 전후한 대변혁에서 시작되었다. 2차대전 이후 오키나와는 미군기지로서 존속하는 기지경제화를 겪고 있기 때문이다. 2차대전의 혼란과 변혁 속에서 오키나와 주민들의 해외진출도 활발하게 이루어졌고, 그에 따라 오키나와 주민의 개방적 대외지향성에 따라 경제적 대외의존도 그만큼 증대해 나가고 있다.

II. 오키나와 경제 및 산업 현황과 추이

1. 오키나와 경제의 현황과 문제점

오키나와의 경제는 지속적인 오키나와 붐과 관광산업의 호조로 인해 〈표1〉에서 보듯이 1990년대 일본 경제가 최악의 침체를 보일 때에도 이보다 나은 1.1%의 실질 경제성장을 보였다. 그러나 오키나와는 여전히 일본 47개 현 가운데 가장 가난한 현 그룹에 속한다. 이는 〈표2〉에서 보듯이 오키나와가 기본적으로 일본 본토와의 소득 격차가 큰 데다 공공사업비의 감소로 인해 공적 자본의 형성이 감소한 데에 따른 것이다.

오키나와 주민의 1인당 소득은 1972년에 44만 엔에서 1992년 204만 엔으로 증가하다가 1994년과 2001년에 감소하였다. 2004년 기준으로 오키나와 주민의 1인당 소득은 199만 5천 엔으로 일본 평균의 약 70% 정도에 머물고 있다.

〈표 1〉 일본 본토와 오키나와의 경제성장률 비교

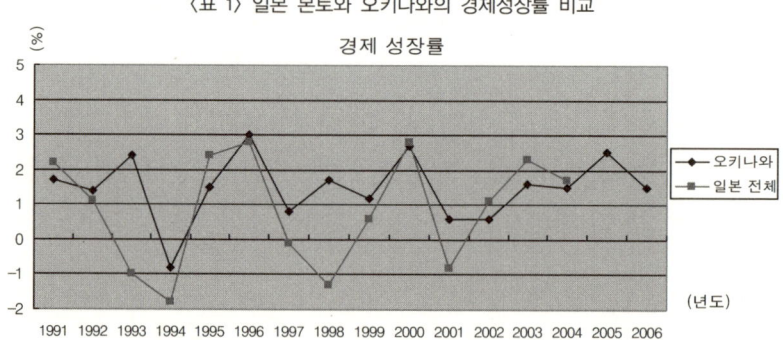

출처: 오키나와현 통계과

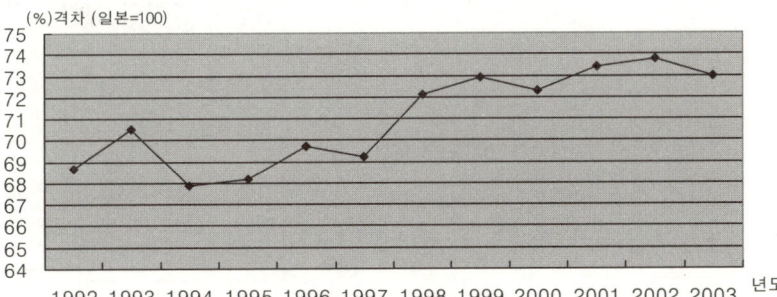

〈표2〉 일본 본토와 오키나와의 1인당 국민소득 격차 추이

출처: 오키나와현 통계과(2003년도 현민경제계산), 내각부(2004년도 국민경제계산)

　　오키나와 주민의 경제생활에서 특이성은 농업 이외의 이전소득에 크게 의존하고 있다는 데에 있다. 1990년의 수치로 보면, 국민연금 급부액 631억 엔, 공제연금 등 429억 엔 그리고 군용지료 489억 엔 등 이전소득의 증가를 보이고 있다. 이 합계가 1,549억 엔으로 이는 약 1천억 엔에 달하는 오키나와 농업 조수익을 상회하는 액수이다.(야스오 2003, 23)

이렇게 1972년 복귀 이후 오키나와 주민의 경제생활은 크게 향상되었다. 그러나 재정의 뒷받침으로 경제부양을 이루어온 오키나와는 일하지 않아도 여러 가지 수입이 들어오는 이른바 '부양사회'(야스오 2003, 29)의 특성을 보이고 있다. 그래서 오키나와는 어떤 방법으로든 스스로의 노동과 생산활동으로 소득을 늘리고 경제를 발전시켜 나갈 것인가의 장기적이고 구조적인 과제에 직면해 있다고 할 것이다.

오키나와 경제와 관련하여서는 노동력 구성이 경제에 미치는 영향이라는 측면에서 실업률이 전국 평균의 2배가 넘은 8%에 가깝다는 것이 큰 문제인 것으로 자주 지적되고 있다. 실제 오키나와의 실업은 〈표3〉에서 보듯이 오키나와는 인구의 증가에 따른 취업자 증가와 실업자 증가를 모두 동반하고 있다는 데에 특성이 있다.

〈표 3〉 오키나와의 노동력 구성

(단위: 억 엔)

	1970년	1975	1980	1985	1990	1995	2000	2005
15세 이상 인구	616	715	780	856	914	991	1059	1112
노동력 인구	372	413	464	518	553	604	629	649
취업자 수	357	380	429	479	510	542	579	598
완전 실업자	15	33	35	40	43	62	50	51
비노동력 인구	243	301	314	335	357	383	430	463
완전 실업률(%)	4.0	8.1	7.7	7.6	7.7	10.3	7.9	7.9

출처: 1970-1975년(야스오 2003, 36); 2000-2005년(오키나와현 통계과)

2. 오키나와의 산업 구성과 추이

오키나와의 산업구성은 복귀 이전의 기지경제에서도 3차산업이 압도적인 비중을 차지하고 1차와 2차 산업은 미약했는데, 이러한 산업구

성은 더 심화되고 있다. 〈표4〉에서 보듯이 오키나와의 취업 구성에서
도 1975년 1차산업과 2차산업 그리고 3차산업 비중이 각각 13%, 20%,
67%였다. 그러나 2000년에는 6%, 19%, 73%로 그리고 2005년에는
5%, 18% 그리고 76%로 3차산업의 비중이 점점 더 커가고 있다.

〈표 4〉 오키나와의 산업별 취업구성 추이

	인구 (천명)	취업자수 (천명)	1차산업	2차산업	3차산업	실업자수 (천명)	관광객수 (천명)
1975	1,043	380	53	79	258	21	1,558
1980	1,107	429	54	92	287	23	1,808
1985	1,179	479	54	100	325	25	2,082
1990	1,222	510	47	101	362	22	2,958
1995	1,273	542	40	105	397	33	3,279
2000	1,321	579	40	113	426	50	4,559
2005	1,318	596	32	111	453	51	5,500

출처: 1975-2000년(야스오 2004, 80)과 2005년(오키나와현 통계과).

오키나와 경제에서 3차산업의 비중이 크다는 것은 2차사업의 기반이
그만큼 취약하다는 것을 뜻한다. 오키나와에 2차산업 기반이 제대로
갖추어지지 않는 이유로는 1)본토에서 멀리 떨어져 있어 물류비용이
상대적으로 높으며, 2)공업용수라든가 전력 등에 드는 비용이 클 뿐만
아니라 3)기술 집적이 떨어지고 시장이 협소하다는 점 등이 제시되고
있다.

이와 같은 경제적 불리를 극복하기 위하여 오키나와는 가공교역형
산업을 위해 1999년 3월 1,224,483.61㎡에 달하는 나카구스쿠 공업단
지를 특별자유무역지역으로 지정해 세금과 관세를 거의 면제받도록 함
으로써 기업유치에 적극 나섰다. 그러나 기대한 만큼의 성과를 올리지
못하는 것으로 나타나고 있다.

오키나와의 농업도 1990년대 이후로는 생산력의 취약성으로 어려움을 겪고 있다. 〈표5〉에서 보듯이 오키나와 농업의 조수익은 1973년 451억 엔에서 1983년 1,068억 엔으로 2.4배가 되었지만, 그 이후는 정체되어 1994년 878억 엔에 이어 2004년에는 773억 엔으로 하락하고 있다.

오키나와의 최대 농업부문인 사탕수수는 1973년 138억 엔에서 1983년에는 368억 엔으로 신장되었지만, 그 이후 가격이 낮아져서 1994년 196억 엔과 2004년 137억 엔으로 감소를 보이고 있다. 파인애플인 경우에도 외국산과의 가격경쟁에서 밀려 계속 정체 상태에 있다.

야채와 화훼는 오키나와 밖으로의 출하를 통해 신장을 거듭하고 있다. 야채는 1973년 73억 엔에서 1983년 210억 엔으로 2.9배나 증가했고, 화훼도 1980년대 이후 신장을 거듭하여 1992년에는 156억 엔의 수익을 내었다. 2004년에 야채는 116억 엔 그리고 화훼는 132억 엔의 수익을 냄으로써 그나마 현상을 유지하고 있다.

〈표5〉 오키나와 농업 조수익의 추이

(단위: 억 엔)

	1973	1978	1983	1988	1992	1994	2004
사탕수수	138	313	368	294	227	196	137
파인애플	26	23	21	19	19	17	16
야채	73	175	210	204	182	169	116
화훼	5	13	68	116	156	162	132
잎담배	5	23	21	21	35	43	46
돼지	81	157	182	171	173	161	131
육우	26	30	44	71	80	82	151
젖소	5	16	36	43	58	48	44
기타합계	451	861	1,068	1,050	1,048	878	773

출처: 1973-1992년 (야스오 2003, 25)과 1994-2004년(오키나와현 통계과)

오키나와의 경제 돌파구는 관광산업의 육성을 통해서 모색되고 있다. 이는 〈표 6〉에서 보듯이 1970년 17만 명 관광객과 122억 엔의 수입을 올리던 관광산업이 1994년에는 300만 명을 돌파했고, 2005년에는 550만 명의 관광객에 3,983억 엔의 수입을 올린 데에서 여실히 나타나고 있다.

〈표 6〉 오키나와 관광객 수와 수입

	1970	1974	1978	1982	1986	1990	1994	1998	2002	2005
관광객 수(만명)	17	81	150	190	203	296	318	413	486	550
광 수입(억 엔)	122	460	1,331	2,010	2,276	3,275	3,417	3,526	3,466	3,983

출처: 1970-1994년 (야스오 2003, 47) 과 1998-2005년 (오키나와현 통계과)

오키나와의 외국인 관광객 수는 〈표7〉에서 보듯이 1999년에 22만 3천명을 정점으로 하여 조금씩 감소하는 경향을 보이고 있으며, 2003년에는 싸스(SARS)의 영향으로 크게 감소했다. 2004년 이후 크루즈선 운항, 전세편의 취항 등으로 인해 회복조짐을 보이고 있으나, 획기적인 관광객 증대는 어렵고 현상유지는 가능할 전망이다. 다만 2005년 현재 외국인 관광객 수가 오키나와 전체 관광객 수에 차지하는 비율은 2.7%에 불과하여 이에 대한 모종의 정책전환이 요청되고 있다.

〈표7〉 외국인 관광객 추이

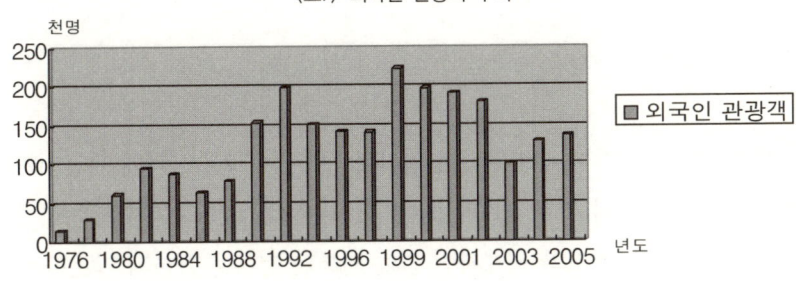

출처: 오키나와현 관광요람(2005년)

III. 오키나와 경제의 경제구조적 특성

오키나와의 경제의 특성은 경제구조상으로 볼 때 크게 기지경제의
유산과 재정의존경제의 심화로 요약된다.

1. 기지경제

1) 미군기지화의 진행

2차대전 이후 오키나와는 오키나와를 아시아 지역 내 거점기지로 삼
으려는 미국의 구상에 의해 미군의 배타적인 점령 하에서 〈표 8〉에서
처럼 오키나와 본섬의 10% 이상을 미군기지가 점유하는 군사기지화가
진행되었다. 이로 인해 일본 국토면적의 0.6%에 지나지 않는 좁은 오
키나와에 전국 미군사시설면적의 약 25%, 재일미군사시설면적의 약
75%가 오키나와에 집중되는 결과를 가져왔다.(양기호 2004, 41)

〈표8〉 오키나와 주재 미군의 현황

시설 수	37
시설면적	23,667.5헥타르 (오키나와현 총 면적의 약 10.4%)
군인, 군속, 가족 수	합계: 43,500명 군인:23,40명 (주일 미군 전체: 33,453명) 군속: 1,330명 가족: 19,080명

출처: 오키나와현 통계과

오키나와 미국기지의 영향력이 얼마나 큰 가는 '오키나와에 미군기지
가 있는 것이 아니고 미군기지 안에 오키나와가 있다'는 자조와 함께
'오키나와의 기지철거와 경제자립 없이 일본의 전후는 끝나지 않는다'는
주장으로 연결되어 나타날 정도도 크다. 미군기지화로 인해 2차대전 이

후 오키나와는 미군에 의해 일방적인 토지강제수용을 겪었고, 이 과정에서 무상 사용된 경우도 적지 않았으며, 또 남미의 볼리비아와 페루 등지로 강제 송출되기도 하는 등 차별과 기민의 희생을 받았다. 1972년 5월 기지반환 이후에도 오키나와는 시정권을 이양 받으면서도 여전히 일본을 포함하여 아시아-태평양 지역에서의 평화와 안전을 유지하는 데 유용한 군사기지로서의 역할을 수행해 오고 있다.(양기호 2004, 41)

1990년 탈냉전의 흐름 속에서 진보적인 오타 현정이 들어서면서 오키나와 주민 8만 여명의 기지반대 주민총궐기, 오타 현지사의 미군용지대리거명 거부, 1996년 4월 SACO(Special Action Committee on Okinawa)보고서에서 후텐마기지 반환합의, 기지정리축소에 대한 현민투표에서의 압도적 찬성 등 탈군사기지 운동이 활발히 전개되기도 했다.(양기호 2004, 43-44) 그러나 1997년 9월 미일방위협력을 위한 지침에서도 명확히 드러나고 있듯이 오키나와의 군사적 기능과 역할은 그대로 유지되었고, 일본정부는 국회내 특별조치법 제정 협박과 실업대책 및 공공투자 지원을 약속하면서 오타 지사의 반기지 이니셔티브를 잠재워 나갔다.

2) 기지경제의 유산

오키나와 경제의 취약성은 일차적으로는 2차대전 이후 미국의 대일 점령정책의 일환으로 제시된 기지경제화로부터 왔다. 1948년 10월 〈미국의 대일 점령정책에 관한 국가안전보장회의 제권고〉에 의거하여 일본에 재군비 비용을 부담시키지 않으면서 미군의 오키나와 통치와 기지건설을 허용한다는, 이른바 '오키나와의 보유와 일본의 경제부흥'이 동전의 양면을 이루면서 오키나와에 대한 전후 경제진흥의 초기 조건

을 형성하였다.(히로타카 2003, 11)

미군 당국은 기지건설이 가져오는 파급효과를 최대한 활용하여 오키나와 경제부흥을 꾀하려고 함에 따라 오키나와는 노동력 확보와 인플레이션 방지라는 2가지 요건을 충족시키는 데 초점을 맞춘, 이른바 '기지의존형 수입경제'의 틀에 맞춰졌다. 이에 따라 오키나와 경제는 1950년대 한국전쟁의 특수와 고철 수입, 점령지 구제자금 원조 등에 힘입어 대량의 달러 소득 증대가 이루어졌다. 그러나 경제의 질적인 측면에서는 제조업의 빈약함과 수입판매를 주로 하는 3차산업 중심의 취약성을 면치 못하였다. 그래서 1972년 복귀 이전까지 오키나와는 27년간 미군정의 통치하에 있었기 때문에 전후 일본의 고도성장과는 거리가 있는 채 경제적 취약성을 면치 못했다.

미군기지가 오키나와의 넓은 지역에 자리하고 있을 뿐만 아니라 오키나와의 지역 개발상 중요한 지역에 미군기지가 차지하고 있어서 오키나와 주민들의 생활상의 불편[1]은 말할 것도 없고 오키나와 지역의 진흥 개발 자체도 큰 제약을 받아 왔다. 예를 들면 오키나와 주변 29개 해역과 20개 영공 구역이 미군 훈련장으로 설치되어 있어서 육지뿐만 아니라 해역과 영공을 개발할 때 여러 가지 제약이 뒤따랐다. 뿐만 아니라 도시계획을 세울 때나 도로망 정비, 산업용지 확보, 안전한 어업 조업, 민간 항공로의 원활한 운용 등에 지장을 초래하고 있다.

전적으로 미군기지 때문만은 아니지만 미군기지의 영향을 부분적인 이유로 하여 오키나와는 1972년 본토 복귀 이후에도 여전히 2차산업이

---

1) 예를 들면 오키나와 본섬 중부의 기노완 시인 경우 후텐카 기지가 시의 1/4를 차지하고 있을 뿐만 아니라 시의 중앙에 위치하고 있어서 시가지가 도너츠 모양으로 될 수밖에 없어서 직선거리의 거리를 돌아가야 하는 등의 교통불편을 겪고 있는가 하면 실탄 연습에 따른 화재 및 자연 환경 파괴, 헬기의 소음과 추락의 위험을 직면하고 있다.

발달하지 못하고 소비형 서비스 산업만이 기형적으로 발전하고 있다. 오키나와의 제조업은 1972년에 9.1%였는데 그 이후 대대적인 정부투자에도 불구하고 2004년 현재 오키나와 경제에서 제조업은 5%를 차지하고 있다. 이와 대조적으로 2004년 현재 오키나와의 서비스산업은 80%대에 육박함으로써 도쿄에 이어 두 번째로 서비스산업이 발달된 지역이 되어 있다.

1972년 복귀 이후 오키나와 경제의 30여년을 돌아보면 1972년 23.5%, 1982년 34.8%, 그리고 1989년 29.6%와 1997년 31.7%에 달할 정도도 심한 재정의존도를 보이고 있다. 실업도 일본 평균 실업률의 2배인 8%대의 실업률과 특히 14.2%의 높은 청년실업률을 보이고 있는 것도 부분적으로는 미군기지의 영향 때문인 것으로 간주되고 있다. 그래서 장기적인 관점에서 오키나와의 지역경제 활성화를 이루려면 기지반환이 요구되어야 한다는 주장이 자주 제기되고 있다. 하지만 그렇다고 갑작스럽게 기지가 반환되면 경제적 어려움이 뒤따를 것이기 때문에 오키나와가 기지를 반환 받으려면 무엇보다도 정부재정에 의존하는 경제구조를 자립적인 구조로 바꾸어야 한다는 주장이 더 설득력 있는 것으로 받아들여지고 있다. 다만 자립경제의 실현이 결코 쉽지 않다는 데에 오키나와 경제의 딜레마가 존재한다.

오키나와의 높은 지가는 오키나와의 기업 입지에 부정적인 영향을 미치고 있다. 오키나와의 지가를 1인당 주민소득이 낮은 다른 지방과 비교할 때, 주택지는 1.8-2.2배, 상업지는 1.8-2.4배, 공업지는 1.0-3.0배가 된다. 이와 같은 높은 지가는 군용지료의 인상과 깊은 관련이 있는 것으로 파악되고 있다.(야스오 2003, 75)

물론 오늘날 오키나와 경제는 이미 더 이상 기지경제가 아니라는 지

적도 있다. 왜냐하면 오키나와 주민의 소득 통계에서 군용지 대금, 군
관련 업무 종사자 소득, 군인 및 군속의 소비 지출 등 미군 관계 부분을
보면, 1961년 오키나와 대외수입의 53%였는데, 1972년 15.6% 그리고
2002년에는 5.2%로 줄어들었기 때문이다. 그러나 오키나와 주민의 소
득통계 중 군 관계 부분액은 1972년 777억 엔에서 1982년 1,345억 엔,
1992년 1,563억 엔 그리고 2002년 1,797억 엔과 2004년 1,742억 엔을
차지하고 있다는 데서 보듯이, 오키나와 경제에서 미군기지의 영향은
여전히 일정한 지분을 차지하고 있다. 특히 정치적-사회심리적 측면에
서 미군기지의 영향은 더 크다고 보아야 할 것이다.

<표 9> 군기지 관련 소득액

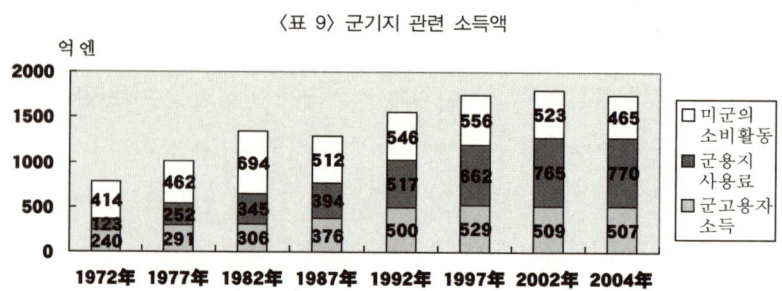

출처: 오키나와현 통계과

기지관련 수입이 현민 총소득에 차지하는 비율

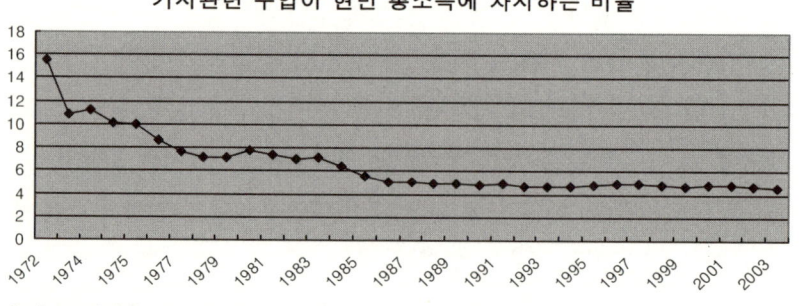

출처: 오키나와 통계과

오키나와 경제에서 기지경제의 영향은 제3차 산업의 과잉비대화 못
지않게 기지수입에의 항상적인 의존을 통해 여전히 강력한 것으로 보
아 무방하다. 왜냐하면 기지가 반환되면 군용지대료가 감소하고 지방
자치단체의 교부금도 줄어들며 약 8,000명의 노동자가 직장을 잃게 된
다는 당장의 경제적 불이익이 있기 때문이다. 그래서 오키나와에서 기
지문제는 점차로 경제적 득실의 문제이기보다는 정치문제이자 평화문
제이며, 일상적으로는 폭음 등의 소음과 사고위험성, 범죄의 온상 등
사회문화적인 쟁점으로 옮겨가고 있다. 예를 들어서 순수하게 기지경
제의 측면만 보면 기지 때문에 오키나와의 농업이나 공업이 저해되고
있다고 확증하기가 어려울 뿐만 아니라 설사 기지가 철수한다고 하여
오키나와의 경제가 모종의 활력을 갖춘다고 보기는 어렵기 때문이다.
(야스오 2003, 284)

2. 재정의존경제

앞에서도 부분적으로 지적했지만 1972년 복귀 이후 오키나와 경제의
특징은 '재정의존경제'(야스오 2003, 44)로 나타났다. 유구정부 시대
인 1969년과 복귀 이후 5년이 지난 1978년을 비교해 보면, 일반회계
규모는 1,335억 엔에서 2,413억 엔으로 1.8배나 증가했다. 이 가운데
국고(미국을 포함하여)로부터 받은 것은 417억 엔에서 6,376억 엔으로
15.3배나 증가했고 국세 등을 뺀 순수 수입도 4,740억 엔으로 11.4배
증가했다.[2] 이와 같은 재정팽창은 복귀 이후 오키나와 경제가 겪게 된

---

2) 복귀 이후 오키나와에 대한 재정지원이 많다고 하여 오키나와가 다른 부/현에 비해
   많은 액수를 지원받은 것은 아니며, 이는 오히려 복귀 이전의 미군점령 하에서 류쿠

최대의 변화이자 발전의 추동력으로 자리하고 있다. 그러나 이는 역설
적으로 오키나와 경제가 자립적 경제의 토대를 갖추지 못하고 재정팽
창에 의존하게 되는 취약성을 갖게 된 것으로 파악된다.

1972년을 전후한 기지경제와 재정의존경제를 비교해 보면, 1970년
의 경우 군 관계의 수취가 36.8%를 차지하고 재정으로의 이전은
26.9%였는데, 1974년에는 군 관계의 수취가 14.6%로 축소되고 재정으
로의 이전은 59.4%로 팽창하였다. 이와 같은 재정의존경제의 특성은
지속적으로 나타나 1994년의 경우도 군 관계의 수취는 9.8%이고 재정
으로의 이전은 44.9%에 달하는 것으로 나타나고 있다.

오키나와의 재정의존경제의 취약성은 현재에도 지속되고 있다. 대표
적으로 2004년 건설부문은 오키나와의 전체 경제의 9.8%를 차지하고
있어서 2차산업의 중심을 담당하고 있다. 그러나 오키나와의 건설업
호황은 도로와 항만 등 정부 부문의 관급공사에 기반하고 있는 것이어
서 그 언제든 위기에 처할 취약성을 안고 있다. 또한 오키나와 재정의
취약성은 나하시를 제외한 대다수 시정촌이 전국도시 평균의 0.72보다
훨씬 낮으며, 특히 북부와 남부의 작은 섬인 경우는 재정의 90%를 보
조금에 의존하고 있다는 데서 잘 나타나고 있다.(양기호 2004, 59)

〈표 10〉 오키나와의 현외 소득

(단위: 억 엔)

	1970년	1974	1974	1978	1982	1982	1986	1990	1994
총 수(실수)	1,928	6,658	7,624	11,723	15,044	11,415	11,775	16,000	16,587
이(수)출	1,159	2,944	2,987	4,210	5,772	5,772	5,449	7,430	7,453
상품	393	1,934	1,909	1,960	2,465	2,470	1,824	2,792	2,596

정부의 재정 수요가 얼마나 빈약했는지를 보여주는 것으로 보아야 한다는 지적도
있다.

상품 이외	766	1,011	1,077	2,250	3,307	3,301	3,626	4,638	4,857
관광 수입	200	575	575	1,435	1,997	1,997	2,358	3,254	3,415
현외로부터의 소득	117	▲270	892	842	683	886	932	1,706	1,388
대 가계로의 이전	131	33	32	50	27	76	75	246	296
재정으로의 이전	521	3,951	3,714	6,620	8,562	4,681	5,319	6,618	7,450
총 수(%)	100.0	100.0	100.0	100.0	100.0	100.0	100.0	100.0	100.0
이(수)출	60.1	44.2	39.2	35.9	38.4	50.6	46.3	46.4	44.9
상품	20.2	29.0	25.1	16.7	16.4	21.6	15.4	17.4	15.7
상품 이외	39.9	15.2	14.2	19.2	22.0	28.9	30.8	29.0	29.3
관광 수입	10.4	8.6	7.5	12.2	13.3	17.5	20.0	20.3	20.6
현외로부터의 소득	6.2	▲4.1	11.7	7.2	4.5	7.8	7.9	10.7	8.4
대 가계로의 이전	6.7	0.5	0.4	0.4	0.2	0.7	0.7	1.6	1.8
재정으로의 이전	26.9	59.4	48.7	56.5	56.9	41.0	45.2	41.4	44.9
※ 군관계 수취	714	975	975	1,010	1,380	1,374	1,378	1,467	1,628
동상%	36.8	14.6	12.9	8.6	9.2	12.0	11.7	9.2	9.8

출처: 야스오 2003, 46.

IV. 1972년 이후 오키나와 진흥개발계획

1. 1972년 이후 오키나와 경제진흥

1972년 본토 복귀를 전후하여 오키나와는 경제기초 개선과 개발진흥을 도모함으로써 본토와의 격차를 줄인다는 목표 아래 1971년 12월 〈오키나와 진흥개발 특별조치법〉을 제정하였다. 이 특별조치법은 '기초 조건의 정비와 산업의 균형 있는 진흥개발을 도모'하는 데 목적을 두었고, 또 국가 부담 혹은 보조율 인상 및 상업주체의 특례에 의해 진흥개발사업을 추진하며, 공업개발기구 및 자유무역 지역제도를 활용함으로써 기업입지를 추진함과 동시에 무역을 진흥하고 산업진흥을 도모'하고자 하였다.(히로타가 2003, 28) 이에 기초하여 오키나와는 오키나와개발청 주도 하에 1972년 12월부터 오키나와 진흥개발 계획과 그에 따른 여러 가지 시책을 추진했다.

보다 구체적으로 살펴보면, 1972년 복귀 이후 오키나와 경제진흥은 '공장의 지방분산=기업유치에 의한 지역개발정책'으로 가시화 되었다.(히로타카 2003, 19) 오키나와와 본토의 소득격차를 교정하기 위해서 기업유치의 공업화 노선을 통해 제조업의 산업구성비를 9%에서 18%로 높이는 데 목표를 두어 추진되었다. 그리고 1972년 복귀 이전에는 반기지와 자치권 확대에 초점을 맞춘 혁신이 지배적이었지만 1972년 복귀 이후에는 본토와의 격차 시정과 일체화를 주창하는 보수 노선이 영향력을 강화하면서 보혁 균형으로 나타났다. 이는 1972년 복귀 이후 오키나와의 경제진흥이 본토와의 일체화에는 못 미치지만 일정한 수준의 경제성장을 이룩한 데서 나온 결과라고 볼 것이다.

특히 1975년 7월에 개최된 오키나와 국제해양 박람회를 전후하여 이와 관련된 대형 공공투자와 대형호텔 등 민간설비 투자에 힘입어 1972-75년간 오키나와 경제는 순항을 하였다. 즉, 1970년대 중반까지의 오키나와는 오일쇼크와 같은 경제적 어려움에도 불구하고 "본토 복귀를 계기로 시작한 막대한 공공 공사의 붐, 본토의 과잉유동성을 배경으로 유입된 막대한 토지매각대금의 수취, 군용지대의 6-7배의 대폭 상승, 그리고 무엇보다도 오키나와 해양박람회를 겨냥한 벼락공사 및 그에 관련된 대형 호텔건설 등 민간투자의 요인"(히로타카 2003, 38)에 힘입어 호황을 누렸다. 그러나 1976년 이후 해양박람회가 문을 내리자마자 관광수입의 격감과 이에 따른 부동산 관련업체-대형 관광토산품점-호텔 등의 도산으로 이어지면서 그리고 월남전 이후 미군기지 관련 업무 종사자가 2만명에서 8천명으로 대폭 감축됨으로 인해 오키나와 경제는 심각한 후유증을 겪게 되었다.

다만 산업의 기초 조건과 관련해서 복귀 3년 전인 1969년과 복귀 7년 후인 1978년을 비교하면 아래 〈표 11〉에서 보듯이 외부로부터의 자금 유입은 1969년 유구정부 시대의 417억 엔에서 1978년 오키나와 현에로 15.4배인 6,425억 엔 증가하였다. 이와 같은 대대적인 진흥개발 사업비의 유입은 사회-경제적 기반의 정비와 확충에서 많은 성과를 가져온 것으로 평가되고 있다.

〈표 11〉 1972년 복귀를 전후한 오키나와의 제정구조 변화

(1978년 가격으로 표시)

1969년 유구정부 일반회계	1978년 오키나와현 일반회계	비교와 설명

자주재원   767억 엔
 	
차입급   151억 엔
원조급수입   417억 엔
  미국   145
  일본   272
	자주재원
	
	현채
	국고수입
		국세로 편입이 있어,
		365억엔 감소
		
		4.5배
		
		일본정부로부터는 6.9배
		일반회계규모는 1.8배로 증대

	현특별회계로 194억 엔 시정촌보통회계로 1,388억 엔 국가일선기관으로 2,975억 엔	일반회계 이외에도 국가로부터 들어오기 때문에, 국가로부터의 자금유입은 417억 엔→6,425억 엔으로 15.4배

출처: 야스오 2004, 76.

오키나와 개발 사업비는 1972년에서 1996년까지 누계액이 약 5조원에 달하였다.(양기호 2004, 60) 이는 동 기간 동안 오키나와 일반회계 세출총액인 9조 1천억 엔의 54%에 달하는 것으로서 이 가운데 90% 이상인 4.6조 엔이 도로-항만-공항 등 공공사업에 투입되었다. 2002년 예산에서도 오키나와의 공공사업 비용은 2,939억 엔으로 도로관계비가

1,089억 엔, 항만 및 공항이 386억 엔, 농업-농촌 정비가 340억 엔으로 거의 토목건설 중심으로 이루어져 있다.

1977년 이후 1991년까지의 2차 오키나와 진흥개발 계획 기간 동안 오키나와 경제는 호경기와 불경기를 반복했다. 특히 1987년 전국 체전 특수에 힘입어 공공투자와 민간설비 투자 및 관광 수입의 증가가 이루어졌으며, 1987년에 개장한 컨벤션센터와 1989년 개최한 세계우치난츄 대회3)를 통해 경제 활성화가 일정 부분 이루어졌다. 그러나 오키나와 역시 1980년대 엔고불황과 잃어버린 10년 불황 등 일본 전체의 장기 불황 속에서 전반적으로 기대한 만큼의 경제적 성과를 내지 못하였다. 특히 1985년 9월 플라자합의 이후 급속한 '엔고'에 의해 생산거점의 해외이동이 진행되면서 공장의 지방분산에 의한 지역개발정책이 효력을 발휘하지 못하게 되었다. 이에 따라 1988년에 발족된 나하 자유무역지구도 싼 노동력 활용을 위해 해외로 진출하는 일본 기업의 일반적 흐름으로 인해 기대한 성과를 내지 못하였다. 다만 1차산업 분야에서는 축산이 안정적으로 발전해 사탕수수를 능가하는 생산품으로 발전하였고 화훼산업도 큰 폭으로 신장함으로써 오키나와 경제를 지탱해 왔다. 그러나 이마저도 1989년 이후 사탕수수의 수익 감소로 인해 전반적으로 농업생산액의 정체를 보였다.

---

3) 우치난츄 대회란 전 세계에 흩어져 살고 있는 오키나와현 출신들의 교류회이다. 오키나와는 국가 시책으로 이민을 장려해 볼리비아, 페루 등 남미와 하와이 등에 주민이 대거 이주했는데, 해외에 거주하는 오키나와현 출신들은 30만명에 달하는 것으로 파악되고 있다. 이들 해외 거주 1세대뿐만 아니라 2, 3세대들의 네트워크를 구축하기 위해 1992년과 1995년에도 우치난츄 대회를 개최했다. 오키나와는 28개국 3지역의 81명의 우치나 민간대사를 임명하고 교류확대를 장려해 나가고 있다.

2. 1980-1990년대 오키나와의 〈남 국제교류 거점〉 전략

1990년대 이후 오키티나와의 경제진흥은 새로운 지역개발정책으로의 변모를 보였다. 즉, 종래의 기업유치에 의존한 수동적 개발방식에서 벗어나 1)지역내발형 산업진흥, 2)연구개발기능, 인재중심의 산업진흥, 3)지역 신규산업의 진흥 등에 초점을 맞추었다.(히로타카 2003, 108) 이는 1980년대 '엔고'에 의한 기업의 해외진출로 지역분산이 사실상 어려운 데 따른 '새로운 지역개발정책'으로의 방향 전환이었다. 이에 발맞춰 이미 제2차 오키나와 종합개발계획에서 돋보인 〈일본 남 교류거점〉 전략이 다시 제3차 오키나와 진흥개발계획에서도 더욱 확대되었다. 2000년대 제주국제자유도시에서 세계평화의 섬 전략을 그대로 이미 보여주는 것과 같은 〈남 국제거점 전략〉의 구상을 인용해 보면 다음과 같다.

"국제교류의 장의 구축을 기획하기 위해 본토, 근린 아시아 여러 나라 등의 주요 도시를 유기적으로 연결하는 항공노선망의 확충을 꾀하고, 나하공항을 국제공항으로 정비-확충함과 동시에 나하항을 인근 아시아 여러 나라들과 오키나와를 연결하는 거점항만으로 물자증대에 맞춰 정비하며 아울러 국제전화 서비스의 고도화를 꾀하는 등 교통-통신 체계의 정비를 기획한다. 또 ASEAN 여러 나라들을 대상으로 하는 연수 기능을 지닌 국제센터를 설치함과 동시에 이것과 상승효과를 지닌 국제감각을 차례로 쌓아-어학교육 진흥- 국제교류를 이끌어 갈 인재 육성에 힘쓴다. 또 오키나와의 아열대해양성 자연특성을 살려 국제적인 관광레크레이션 진흥을 꾀한다."(히로타카 2003, 112-113)

오키나와의 〈일본 남 교류거점〉 전략은 인적-물적-정보가 오가는 도시의 실현을 꾀하고 오키나와의 자립적 발전과 일본의 경제사회 발전에 기여하는 지역발전전략으로 각광을 받았다.(야스오 2003, 177-178) 또 〈남 국제교류거점〉 전략에 따른 성과도 이어져 1985년에 ASEAN 협력구상에 의거 〈오키나와 국제교류센터〉기 설립되었고, 1987년에는 동남아시아에 대한 지리적 관문이라는 지리적 조건을 살린 산업진흥의 일환으로 '오키나와 자유무역지역'이 발효되었다. 또 1987년에 인적-물적 교류를 촉진하고 지역경제의 활성화와 문화진흥 등 국제교류의 장으로 '오키나와컨벤션센터'가 건설되었으며 그 운영주체로 '오키나와 컨벤션뷰로'가 설립되었다.

제3차 오키나와 진흥개발개발계획에서 〈남 국제교류거점〉 전략은 국제자유도시 전략으로 이어졌다. 오키나와의 국제자유도시 전략은 종래의 산업진흥책의 한계를 넘어서기 위한 '1국 2제도'의 새로운 접근으로서 일본 본토에 앞선 '세제상의 특례조치'를 통한 '기업유치론'[4]의 특성을 보이기도 하였다.(야스오 2003, 180) 다시 말하면 "일본경제라고 하는 '북'을 향한 정책전개로는 오키나와의 진흥개발이 힘들기 때문에 NIES와 ASEAN 등을 중심으로 하여 다이나믹한 성장을 이루고 있는 '남'과 네트워크를 형성하는 데에서 오키나와 경제의 활로를 구하려는 구상'이다.(히로타카 2003, 117)

남 국제교류거점 또는 국제자유도시 구상은 높은 기대를 불러온 데에 비해 그 성과는 여전히 무언가 다른 추동력을 요구하고 있다. 자유무역지역 확충, 관광리조트, 물류거점, 학술문화교류, 정보거점, 기술이전거점 등의 가능성이 거론되고 추진되는 것과는 달리 오키나와 경

---

4) 국제자유도시를 추진하는 제주로서는 보다 앞서서 산업프런티어, 외자도입, 신산업, 하이테크형 기업유치 등 오키나와의 기업유치론과 관련하여 이와 같은 기업유치가 성공을 더두지 오키나와의 경험을 반면교사로 삼아 보다 세밀한 전략을 천착할 필요가 있다.

제는 다음에서 보듯이 부진하다. 제3차 오키나와 진흥개발 계획 기간
이었던 1992년 이후 오키나와의 실질경제성장은 1% 전후에 머물렀다.
1995년과 1996년에는 공공투자와 민간내수가 경기 부양을 이끌었으
나, 다시 1997년에는 전국적인 경기침체 영향으로 두 번째로 마이너스
성장을 기록했다. 이는 오키나와가 실업률이 8%를 넘을 정도이고 특히
청년 실업이 심각하며 제조업 비중이 6%에 불과하며 재정의존도가 높
다는 데서 연유하고 있다. 이는 오키나와의 경제적 어려움으로 인해 세
제우대를 동반하는 자유무역경제지구 조치도 재정 부담을 늘리고 있는
취약한 경제구조에서 벗어나지 않으면 해결되기가 어려울 것임을 시사
해 주고 있다.

　다만 1992년 수리성 복원5), 1996년 오키나와 도시 모노레일 건설 사
업 착수, 1997년 오키나와 기념공원 해양박람회 지구 수족관의 신관 건
설 사업 등 정부의 오키나와 진흥정책에 힘입어 오키나와의 관광은
1991년 300만 명을 넘어섰고 이어 1998년에는 400만 명을 넘어섬으로
써 공공사업과 함께 오키나와 경제를 뒷받침하는 양대 지주가 되고 있
다. 그리고 2000년 7월에 열린 G8 정상회담은 단기 직접적 경제 효과
107억 엔의 수익과 함께 정상회담 준비를 위해 지출한 사회간접자본 정
비 계획으로 섬 전체에 초고속 통신 회선망을 까는 등 전후방 경제효과
를 가져 왔다. 이는 여전히 오키나와 경제진흥이 재정투자에 대한 의존
과 국제적 이벤트를 통한 반짝 효과에 기울어져 있음을 보여주고 있다.

---

5) 1992년 오키나와는 복귀 20주년을 맞아 슈리성 복원, 후쿠슈엔 건설, 쿠메무라
　600년, 쇼오케 보물전, NHK 대하드라마 '류쿠의 바람' 등을 통해 이른바 '류쿠왕조
　의 봄' 혹은 '류쿠사 붐'을 불러일으켰는데, 이는 오키나와의 문화관광 인프라 조성에
　크게 기여했다.

V. 오키나와의 국제이벤트 전략과
국제도시 및 멀티아일랜드 구상

1. 국제이벤트전략: 1975년 해양박람회

국제이벤트 전략[6]은 회의, 전시, 호텔, 유통, 유흥, 레저 등 각종 관련 산업의 도입과 개발을 통해 새로운 시장의 창출과 비즈니스 기회 또는 새로운 기술의 도입 및 기술력 향상을 가져옴으로써 산업발전의 계기를 제공한다. 국제이벤트 전략의 문제는 투자된 시설의 사후 활용과 재정부담의 문제를 공통적으로 띠고 있다. 이 문제는 여전히 오키나와 경제개발전략의 상수적 문제로 남아 있다. 오키나와는 기지경제와 재정의존경제라는 구조적 취약성을 인정하면서도 오키나와의 지정학과 지경제학적 특수성을 십분 활용하는 방향으로 지역경제 활성화를 위해 국제이벤트 전략에 초점을 맞추고 있다. 이는 오키나와가 지역경제 활성화를 위해 우선 교통통신 시설 등 사회 인프라를 정비하며 대외적인 지명도와 이미지를 향상시켜 지방의 브랜드를 홍보-마켓팅 함으로써 경제적 이득을 올리고 지역경제 활성화를 도모하는 데 목적을 두고 있음을 뜻한다.

여기서 오키나와의 대표적인 국제이벤트 전략이었던 1975년 오키나와 해양박람회를 살펴보면 다음과 같다. 1975년 오키나와 해양박람회는 1972년의 복귀를 기념하는 이벤트인 동시에 기지경제에서 탈피하여

---

6) 국제이벤트 전략은 1)박람회: 엑스포, 전시회, 무역박람회, 물산전, Trade Show, 2)문화 및 스포츠 이벤트 : 축제, 스포츠 이벤트, 예술제, 영화제, 종교대회, 3)회의: 국제회의 각종 학술대회, 심포지엄, 강연회 등으로 이루어지는 종합경제적 특성을 띤다.

자립경제를 확립하고자 했던 오키나와 주민들의 염원을 담은 것이었다. 1964년의 도쿄 올림픽과 1970년의 오사카 만국박람회 그리고 1972년 삿포르 올림픽이 입증했듯이 오키나와 해양박람회 또한 본토 기업의 유치와 관광객의 증대, 인프라 정비 및 박람회 장소의 활용 등을 통해 경제성장의 신동력을 도출하고자 했던 야심찬 기획이었다. 오키나와의 미래상을 관광리조트로 단번에 확장시킨 해양박람회는 아열대 바다를 테마로 하고 테크놀로지를 이용하여 아쿠아폴리스와 해양목장, 해양문화관, 해양식물원, 바다 공원 등에서 해양 체험의 기회를 제공함으로써 해양관광의 메카 오키나와의 이미지를 일대 혁신시켜 주었다. (권선아 2006, 32-33)

해양박람회와 관련하여 오키나와는 〈표 12〉에서 보듯이 사회기반시설을 정비하는 데 1,790억 엔을 투자하였다. 이 해양박람회는 아쿠아폴리스에만 200만명이 입장하는 등 해양박람회 전체 시설에 총 3,485,850명이 입장하는 등 성공적 평가를 받았다. 물론 당시 오일쇼크의 충격과 오키나와의 지리적 격리로 인해 지속적인 관광객 유치가 쉽지 않았고, 그에 따라 박람회장으로 사용되었던 아쿠아폴리스는 운영 부실로 폐쇄되었으며 결국 1999년 12월에는 아쿠아폴리스 관리회사가 도산하는 등 시간이 지나면서 시설의 운영 면에서 어려움이 생겼다. 그러나 종합적으로 볼 때 1975년 해양박람회를 거치면서 오키나와 주민들의 자긍의식 고취와 함께 오키나와 경제가 관광리조트로서의 이미지 구축과 위상 강화 및 성장 추동력을 새로이 갖추게 되는 성과를 거둔 것으로 평가되고 있다.

<표 12> 1975년 오키나와 해양박람회

명칭	오키나와 해양 박람회
개최기간	1975년 7월 20일(일) ~ 1976년 1월 18일(일)
운영조직	1. (財)오키나와국제해양박람회협회 (재) 오키나와 국제 해양박람회 협회 2. 오키나와현 해양박람회 추진 본부(오키나와현 지사가 본부장)
개최이념	바다 - 그 바람직한 미래 (海ーその望ましい未來, The Sea We Would Like to See)
입장객 수	총 3,485,750명(하루 평균 19,048명)
개최를 위한 공공사업 총 지출액 (1,790 억엔)	도로 정비 사업(829 억엔): 오키나와 자동차 도로 등 공항 정비 사업(75 억엔): 나한 공항, 이에지마 공항 항만정비 사업(83 억엔): 나하항 등 물 관리 사업(46 억엔): 댐 간의 물길 조정 하수도 사업(67 억엔): 혼부 공공 하수도 수도 사업(392 억엔): 나고 정수장 건설 등 쓰레기, 오물 처리 시설(4 억엔): 쓰레기 처리 시설 등 공원 조성 사업(8 억엔) 통신 시설 정비 (285 억엔)

출처: 오키나와현 관광리조트국 2004(김보민 2004, 52에서 재인용).

2. 오키나와 국제도시 구상

오키나와의 3대 산업을 3K(공공사업, 관광, 기지)라 부른다. 공공사업이 33%를 차지하는 데, 정부 예산으로 건설 공사를 하고 정부 보조금으로 현 내로 이주한 민간기업에 통신료의 상당액을 부담해 주는 등의 사업을 지칭한다. 이어 관광은 16.5%이고 기지는 5%를 차지한다. 국제관광도시화란 바로 오키나와의 경제진흥의 기반으로서 국제관광의 가능성을 보다 업그레이드시켜 나가자는 것으로, 이는 제주국제자유도시와 거의 흡사하다.

1996년 11월 오키나와는 21세기를 위한 그랜드 디자인으로서 국제도시 구상을 발표하였다. 이는 제2차 오키나와 진흥개발계획에서 세워진 〈일본 남교류거점〉을 정비한 것으로, 인적-물적-정보가 오가는 국제도시 실현을 꾀하고 오키나와의 자립적 발전과 일본 경제사회의 발전에 기여하는 지역형성을 목표로 하는 것이었다. 국제자유도시 구상은 국제도시로의 진전을 위해서는 오키나와 주민 스스로가 자기결정과 자기 책임의 원칙 하에 '새로운 오키나와'를 창조해 나가야 하며, 이를 위해서는 1국 2제도적인 새로운 제도 도입을 꾀하고자 하였다. 경제구조를 크게 변혁시킬 필요성에서 새로운 산업진흥책으로 자유무역지역의 새로운 전개, 정보통신 관련 산업의 집적촉진 그리고 국제관광-휴양기지의 구축을 제시하였다.

이에 따라 1997년 7월 오키나와는 〈자유무역지역〉(free Trade zone) 구상을 발표하였는데, 이는 오키나와 현에서 투자활동을 하는 기업에게 실질적인 세금 부담을 경감하는 세제상의 특례를 제공하고 전국에 앞서 모든 규제의 완화를 도모함으로써 관련 사업기반 정비를 축으로 하는 산업진흥책을 실시하자는 것이었다. 그리고 국내외에서 기업입지 촉진과 현 내에서 경제활동의 활성화를 꾀하기 위해 오키나와에 한정된 세제의 우대책으로 투자세액 공제제도를 창설할 것을 촉구하면서, 이러한 과세면제 또는 불균형 관세 실시에 따른 감수분의 일정 비율을 국가가 충당해 주어야 할 것으로 설정하였다.

3. 오키나와의 멀티미디어 아일랜드 구상

오키나와는 1991년 정보통신산업의 연구개발 거점으로 트로피컬 테크노파크를 정비했고,[7] 1998년에는 멀티미디어 아일랜드 구상을 발표

---

7) 엔고, 탈국경화, 국제분업 등에 대응하는 새로운 지역개발정책에 따라 제3차 오키나와 진흥개발계획은 인재육성과 같은 산업기술의 고도화를 지원하는 기관으로 민-

하였다. 멀티미디어 아일랜드 구상은 〈표 13〉에서 보듯이 통신비용 절
감 지원, 저렴한 요금의 임대 시설 제공, 차세대 대용량 저요금의 통신
기반 이용 환경 조성, 엔터테인먼트 분야를 중심으로 창업지원 시설과
연구 및 연수 시설 정비, 소프트웨어 개발 분야의 연구개발과 관련한
기술 도입 지원 등을 통해 정보서비스, 콘텐츠 제작, 소프트웨어 개발
분양의 산업 집적을 촉진하는 데 목적을 두었다.

그 결과 1992-1999년 동안 식품음료-기계제조 등 제조업 분야에서 9
개 기업에 152명의 고용을 유치한 데 반해 동일 기간 정보서비스 및 조
사업 분야에서 21개 기업에 1,575명의 고용을 유치하는 효과를 거두었
다. 그러나 전반적으로 기대한 만큼의 성과에는 못 미치는 것으로 평가
를 받고 있다. NTT, 아메리칸홈보험, NEC, 일본 IBM 등의 콜센터를
유치하는 성과마저도 3년간 통신비용의 80%를 오키나와 현청이 부담하
고 30세 미만 고용시 3년간 임금의 절반을 보전해 주는 조건이었기 때문
에 오키나와 현청의 재정부담이라는 문제의 소지를 안고 있는 것이었다.

〈표 13〉 오키나와 멀티미디어 아일랜드 구상

기본 구상	오키나와 경제 자립화와 산업 진흥 추진에 힘쓰고, 본토와 멀리 떨어져 있다는 불리함을 극복하기 위해 향후 선진 산업으로 손꼽히고 있는 정보 통신 산업을 중점 산업으로 육성해 산업의 진흥과 집적이 이뤄지게 한다. 이를 위해 오키나와현은 일본 내에서도 멀티미디어의 프런티어 지역이 될 수 있도록 오키나와현 멀티미디어 아일랜드 구상을 세워 추진하고 있다.
목표	1)오키나와에 정보 통신 산업을 진흥시키고 집적시켜 자립적인 경제 발전을 이룬다. 2)고도 정보 통신기술을 활용해 특색 있는 지역 진흥을 이룬다. 3)아시아 태평양 지역에서 정보 통신 분야 허브 기능을 통해 국제적으로 공헌한다.
고용	목표를 명확하게 하기 위해 정보 통신 산업 관련 고용을 2010년 1.45만 명이라고 하는 구체적인 도달 목표치를 계시한다.
분야	1)정보서비스 콜센터 등 2)컨텐츠 제작 엔터테이먼트 산업 등 3)소프트웨어 개발-GIS 산업 등

관 쌍방에 의해 〈트로피칼 테크노센터〉가 설립되었다.

내용	1)정보 통신 산업집적(현내 산업의 육성, 국내외 기업 유치, 집적 지원) 2)기술, 인재 집적(인재 육성, 연구개발) 3)선진적 어플리케이션 집적(현민 생활 향상, 지역 산업 진흥) 4)정보통신기반 집적(지역 정보통신 네트워크, 차세대 정보통신 네트워크)

출처: 오키나와 현청 홈페이지, 〈오키나와 21세기 구상〉(김보민 2004, 48에서 재인용)

VI. 오키나와의 경험이 제주국제자유도시에 주는 함의

국제관광지로서 오키나와 제주가 추진하고 있는 목표와 전략 및 문제점은 〈표14〉에서 보듯이 거의 유사하다.

〈표 14〉 제주와 오키나와의 비교

구분	제주	오키나와
면적 (㎢)	1,847	2,265
인구	557,235	1,300,2000
관광 객수	4,932천명	5,123
발전 목표	특별자치도 및 국제자유도시 추진	국제도시추진 및 멀티미디어 섬 구상
장점	천혜의 자연자원 및 관광자원 레저스포츠메카	천혜의 자연자원 및 관광자원 전쟁 전적지 상품화 및 해양스포츠 발달
단점	고물가 및 고비용 입도수단 제한적	고물가 및 고비용 입도수단 제한적

출처: 오상훈.고계성 2006, 208.

오키나와를 일본 남교류거점 국제도시로 발전시킨다는 것은 오키나와의 지리적 특성과 역사적 경험에서 나온 것이다. 그러나 오키나와가 동아시아 중앙부에 위치해 있어 15-16세기에 대교역 시대를 연 바 있다는 역사적 경험이 있지만, 이와 같은 지리적 위치와 역사적 경험이 교통통신혁명을 통해 지역네트워크가 널리 발전되어 나가고 있는 21세기

고도문명사회에서 얼마나 유용하게 작동할 지는 의문이다.

제주국제자유도시도 국제교류협력의 거점화를 지향하고 있지만 이것이 가능할 수 있는 물적 기반이 무엇인지가 명확하지 않아 오키나와처럼 장밋빛 청사진으로 끝나버릴 가능성이 크다. 이는 제주도가 교류협력을 통해 국제자유도시로 발돋음해 나가는 것이 불가능하다는 것이 아니라 제주도 특유의 경쟁력 있는 교류협력을 촉진해 나가는 고유한 영역이자 활성화 기반으로서 어디에 주목할 것인가의 초점 영역이 무엇이냐의 문제를 제기하게 된다.[8] 이와 관련 오키나와 의 〈남 국제교류거점〉 또는 국제도시 구상에 대해 비판을 가하면서 제시한 마키노 히로타카(2003, 174)의 다음과 같은 지적이 눈을 끈다. 즉, 교류거점으로서 오키나와가 일본과 아시아 양 쪽의 경제발전을 활용하기 위해서 마디 기능을 수행해야 할 첫 번째 요건은 "결코 장소 제공이 아닌 인적 요소와 산업기술"이라는 것이다. 여기서 인적 요소와 산업기술이 쉽지 않기 때문인지 오키나와나 제주도 모두가 중앙정부의 행-재정적 지원에만 목매달고 있는 것 같아 보인다.

오키나와 국제도시는 투자감세제도를 통해 기업입지 인센티브를 제공함으로써 하이테크 기업을 유치하여 산업발전의 원동력으로 삼자는데 중요한 목표를 두고 있다. 규제완화와 세제우대조치로 첨단기업을 쉽게 유치할 수 있다면, 세계 모든 곳에서 기업유치를 위한 규제완화와 세금우대조치를 취할 것이다. 그러나 오키나와는 이와 같은 규제완화와 세금우대조치 이외에 기업유치를 위해서 오키나와만이 제공할 수

---

8) 오키나와 국제도시와 제주국제자유도시 모두 자체로 국제적 경쟁력을 지닌 상품과 기술이 없이 중앙정부의 행-재정적 지원에 의존하는 한 장기적 성공은 거의 무망하다는 지적을 다시 한 번 경청할 필요가 있다.

있는 특별한 유인은 무엇인가가 적시되어 있지 않다. 예를 들면 오키나와는 어떤 첨단 기업이든 들어오고자 할 정도의 저렴하고 양질의 기술력이 존재하는가에 대해 그렇다고 대답할 수 있는가이다.

제주국제자유도시가 규제완화와 세금우대 조치를 통해 지역경제 활성화를 꾀하고 있는 몇 가지 조치들은 보면, 이것들은 이미 오키나와 국제도시 구상에서 제안된 것들이다. 즉, 오키나와 국제자유도시 구상에서 "법인세 등의 경감조치를 수반하는 자유무역지역 제도의 확충, 본격적인 면세점제의 도입, IQ의 철폐, 독자관세율 도입, 항공운임 인하 조치, 국제항공노선의 증설, 베이스 포터 지정, 무비자에 의한 입국, 해양관계(off-shore)센터 등에 대한 검토"(히로타카 2003, 193)가 이미 이뤄진 바 있다. 오키나와와 동일한 문제의식과 정책방향으로 제주특별자치도의 출범과 함께 제주국제자유도시의 선택과 집중을 규제완화-세금우대조치-노비자-영어상용화를 통해 관광-교육-의료-친환경 일차산업-IT, BT 등 첨단기업 분야에 집중하고자 하고 있다. 이러한 제주국제자유도시의 방향은 오키나와의 경우처럼 "규제완화의 선행모델지구"(히로타카 2003, 196)로서 한정된 시간대에 선점의 이득을 꾀하려는 제도의존형의 전략일 뿐이고 인재부족과 산업기술의 결여라는 제주의 경제적 취약성의 본질에 대해서는 눈을 감고 있는 것으로 그 실효가 의심될 수 밖에 없다.

국제자유도시든 특별자치든 제도의존형의 발전모델을 꾀함에 있어서 요구되는 것은 제주의 고유한 제도적 인센티브와 제주 특유의 매력과 연관된 어떤 장기적 요인에 기반을 두어야 할 것이다. 오키나와의 경험과 성찰을 통해서 알 수 있는 하나의 방향으로서 제주국제자유도시는 청정자연과 세계평화 등과 같은 친환경적 자산을 적극 활용해 나가는 데서부터 시작해야 하지 않을까 하는 생각이다. 친환경 및 평화와 어울리는 산업을 평화산업이라고 지칭할 수 있다면, 제주국제자유도시의 기업유치 전략은 제주형 평화산업의 발굴과 함께 이에 대한 대담한 접근이 요구된다. 제주국제자유도시는 사람-상품-자본-정보의 자유로운 이동 가운데서 일차적으로는 사람의 자유로운 이동부터 시작해야 하지 않을까 하는 생각이다. 사람이 자유롭게 오가는 데 도움이 되는 것이라면, 그것이 제2공항 건설이든, 동북아 국제금융이든, 관광객 전용 카지노든, 세계적으로 저명한 대학의 제주 캠퍼스 유치든, 노비자로 장기 체류가 가능하게 하는 것이든, 이에 대한 대담한 접근으로서 대한민국 정부의 탈 국민국가적 우대조치가 요청된다는 것이다.

오키나와 경제의 문제점으로 지적되고 있는 것 가운데 하나가 재정의존경제이다. 따라서 오키나와 국제도시는 이와 같은 재정의존경제로부터 탈피하기 위해 1국 2제도의 방향성을 제시하고 있다. 그러나 일본과 아시아 국가들 간의 네트워크에 오키나와가 어떻게 끼어들 것인가의 전략이 치밀하게 제시되고 추진되지 못하고 있다. 무비자의 관광입국이라든가 일본형 경제특구이론만으로 오키나와의 재정의존경제의 특성을 줄여나가는 데는 역부족이다. 오히려 오키나와의 국제도시 역시 특별입법과 재정지원 강화를 통해 새로운 형태의 행-재정 의존으로 나아가고 있는 게 아닌가 하는 비판이 제기되고 있다.

제주국제자유도시와 제주특별자치도 모두 오키나와처럼 중앙정부의 행-재정적 지원에 사활을 거는 재정의존형 경제구조를 내포하고 있다. 이는 제주도 지방정부가 독립국이 아닌데 어떻게 중앙의존으로부터 벗어나는 게 가능한가의 근본적 문제제기를 뜻하는 게 아니다. 1국 2제도의 방향성에 대한 전 국민적 차원의 합의와 지역 주민의 창조적 노력이 없이는 오키나와든 제주도든 자립형 경제구조로 나아가는 과정에서 특별법의 내용에 대한 형평성의 문제는 항상 지방정부의 창의적 시도를 가로막는 규제로 작용할 가능성이 크다. 여기서 제주국제자유도시-제주특별자치도의 미래는 1국 2제도를 허용하는 전 국민적 합의에 달려 있다고 보겠는데, 문제는 이러한 국민적 합의는 사실상 쉽지 않은 것으로 보아야 할 것이다. 다만 제주도 주민 스스로가 자기결정-자기책임 하에 '1국 2제도'를 추진해 나가려는 탈국민국가적 추동력을 집단적으로 끌어낼 수 있다면,[9] 동북아와 아시아-태평양을 잇는 다리로서의 제주도의 1국 2제도가 마냥 허황된 것만은 아니지 않겠는가 하는 기대를 해 본다.

---

9) 국제자유도시 추진에서 제주도민의 주체적이고 능동적인 관여와 역할은 애초에 국제자유도시 구상이 중앙정부에서 먼저 제기되었다는 점에서 더욱 절실히 요구되는 사항이다. 왜 제주도가 국제자유도시가 되어야 하는 지의 근본 문제에 대한 성찰이 주기적으로 제기되어야 할 이유는 바로 이를 통해서 제주도민의 주체성-능동성이 담보될 수 있기 때문이다.

오키나와와 제주

: 평화의 섬을 향하여

Ⅰ. 오키나와와 제주

오키나와와 제주는 섬이라는 공통성을 갖고 있으므로 지정학적 특성과 인류학적 특성에서 많은 유사성을 발견할 수 있을 것이다. 오키나와와 제주도는 「섬」으로 일본과 한국을 아시아와 연결시키는 교량역할을 수행할 수 있으며, 각각의 나라에서 태평양을 향한 최전선에 위치하고 있다. 오키나와와 제주도는 각기 일본과 한국에 있어 면적과 인구가 1%를 넘지 않으며 오키나와는 인구가 130만으로 일본전체 인구의 1%에 해당되며, 토지면적은 전체 일본의 0.6%를 차지하고 있고, 제주도도 한국에서의 입지는 오키나와와 비슷한 실정이다. 오키나와와 제주도는 주산업이 관광으로 오키나와는 연300만 명. 제주도는 연500만 명의 관광객이 찾는 국제 관광지이다. 이런 유사성 외에도 평화에 대한 주민들의 열망은 그 어느 것보다 강한 동질감을 느끼게 할 것이다. 오키나와는 참혹한 태평양 전쟁의 경험을 안고 있으며 군사기지로 인한 여러 가지 고통을 경험하여서 다른 어느 곳보다 전쟁을 혐오하고 평화를 사랑하는 분위기가 형성되었다.

필자 : 고성준

오키나와와 제주도는 일찍이 고유한 왕국을 이루고 살아왔으나, 내륙에 병합되었다.

오키나와는 15세기 초 통일되어 16세기까지 류큐왕국으로 지내오다 17세기 일본에 병합되었다. 제주도는 10세기까지 탐라왕국으로 지내오다 고려중기 흡수되었다. 오키나와와 제주도는 지역거주민들이 생존을 이유로 섬을 떠나는 디아스포라 문화를 이루고 있다. 오키나와는 1차 세계대전 후 일본 경제가 심각한 불경기를 이루자 일부 농촌에서는 심각한 기아사태를 겪게 되었고, 가난한 농민들이 일자리를 찾아 고베, 오사카 등 본토는 물론이고 하와이, 태평양의 각 지역 나아가 남미까지 진출했으며, 제주도도 일본의 지배 하에 있을 때부터 생존을 위하여 세일 가까운 외국인 일본에 진출하기 시작하여 오늘에 이르고 있다.

오키나와와 제주도는 모두 거주민들의 뜻에 상관없이 20세기 중반 제2차 세계대전이라는 환란의 중심에서 비롯된 갈등의 역사적 흐름에 의해 엄청난 고통을 강요받았다. 두 지역 다 외부에서 전개되는 소용돌이에 휘말려 드는 주변부적 역사를 경험하였다. 다만 오키나와가 제2차 세계대전이 끝나는 시점에서 엄청난 희생과 피해를 강요받았다면 제주도는 제2차 세계대전이 몇 달 일찍 마무리 되었기에 오키나와가 겪은 전쟁을 치루지 않았으나 제2차 세계대전이 끝나면서 형성되어가는 냉전 질서에 의해 엄청난 비극을 겪게 되었다. 오키나와 전쟁에 한국인이 2만여 명 강제 동원되어 대부분 희생되었으며 겨우 1600여명이 전후 귀환되었다. 제주도는 제2차 세계대전의 말기에 일본본토 사수를 위한 '대미결전의 최후 보루'로 설정되었으며 미군이 상륙하면 20만 명의 제주도민을 산중으로 끌고 가 미군과의 최후 결전에서 소모품으로 사용하는 계획을 세웠다. 제2차 세계대전이 조금만 더 끌었었다면 제주도는 전쟁터가 되었을 것이었다. 제주도는 일본군에게는 7만 병력의 옥쇄를 각오할 정도로 중요한 전략기지였다.1) 일본의 항복으로 제주도가 전쟁터가 되지는 않았지만 제주도민들은 3만 명이 희생 된 4·3사건을 겪게 된다. 1947년 3월 1일 관덕정 앞의 제주경찰서 망루에서 발포한 사건이 계기가 되어 최소 3만 명의 희생되었다. 1993년 문민정부 출범 이후에는 제주도 의회에서 4·3 특위가 결성되어 피해조사가 이루어졌으며 2000년에 4·3특별법이 공포되었고 2003년 10월 15일에 제주4·3진상보고서가 최종적으로 정리되었다. 보고서에 정리된 견해에 따라 국가의 최고 통치권자인 노무현대통령이 2003년 10월 31일 과거 국가 권력의 잘못에 대하여 유족과 도민에게 사과하였다.2) 이런 갈등과 증오를 경험한 제주도민은 그 어느 지역의 사람들보다 더 평화의 가치를 절감하게 되었다. 2005년 1월 27일 대한민국정부는 제주특별자치도를 "세계평화의 섬"으로 지정하였다. 제주도는 평화의 섬 정책을 잘 수립하고 발전시켜 한반도와 동북아 세계평화에 기여하려 하고 있다. 오키나와는 태평양전쟁 말기 일본정부에 의해 본토방어를 위한 시간 벌기 지역 작전 터가 되어 미군과의 치열한 전투장이 되었으며 이 전쟁에서 양국군인과 민간인 포함 20만 명이상 손실이 있었고. 특히 오키나와 거주민간인 3명중 1명이 희생자가 되었다. 제주도는 전후 냉전의 분단시대가 빚은 이데올로기대립에 의해 4.3사건을 겪으면서 두 지역거주민들은 전쟁과 같은 폭력사태가 다시는 재현되어서는 안 된다는 반군사주의가 강하고 가해자와 피해자 구분 없이 상생을 통한 평화구현에 앞장 서려하고 있다. 특히 전쟁을 체험하지 않은 세대에 대한

---

1) 제민일보 4·3취재반, 『4·3은 말한다1』(전예원, 1994), pp.25-31.
2) 이영권, 『새로 쓰는 제주사』(휴머니스트, 2005), pp.348-383.

평화교육과 지역을 뛰어넘어 평화의 확산을 위한 노력을 경주하고 있는 것은 고무적인 일이다.

오키나와와 제주도는 오래전부터 나름대로의 평화문화를 전통으로 지니고 있는데 오키나와는 류큐왕국시절 주변에 강한 외세에 둘러싸여 있었지만 그들과 교역을 주도하는 해상무역국으로 무기를 소지하지 않았으며 「친절, 평화, 문화적 다양성, 관용성」과 같은 미덕을 거주민들이 갖고 있었고, 「외부에서 온 손님에게는 예를 갖추어 기꺼이 환영」한다는 평화적 개방의 전통을 견지해 왔음. 이러한 평화문화전통을 전후 「미국기지철폐투쟁」운동을 함에 있어서도 반미적 태도를 보이지 않고 미군을 만나더라도 '화'나 '욕'을 안하고 큰 소리도 치지 않는 행동규칙을 견지할 수 있게 하였다. 제주도민의 전통적인 삶의 양식도 자연과의 조화를 이루는 생활이었다. 삼무정신을 제주의 대표적인 삶의 이념으로 주장하는 이들도 있는데 이는 대문과 도둑과 거지가 없다는 것으로 서로 신뢰하고 극빈층이 없도록 조화로운 사회를 이룩하려는 노력하였다고 이해할 수 있다. 오키나와와 제주도는 지난 90년대에 들어서 역사적 배경에 의해 각기 안고 있는 평화의 굴곡을 해소하고, 미래 발전적 차원에서 내외적으로 「평화의 섬」을 구현 시켜나가는 비전과 전략을 갖추고 추진해 오고 있는데, 오키나와는 60년 초 「평화의 초석」논의가 시작되면서 「평화의 섬」조성 얘기가 나오기 시작했고, 본격적인 실천은 종전 50주년이 되는 95년부터 현차원에서 「평화도시」로 규정짓고 내적으로 「평화의 초석」·「평화공원」·「평화 기념관」등을 조성하여 태평양전쟁의 아픔을 평화의 창출로 승화시켰다. 또한 오키나와가 갖는 역사적·지리적 특성에 맞추어 동아시아 평화 실현에 기여하는 아시아-태평양 평화 교류협력거점을 꿈꾸며 「오키나와평화상」

사업과 「오키나와 평화협력센터」(OPAC)를 통한 평화실천사업에 나서고 있다. 제주도도 90년 초 한-소정상회담의 성공적 개최를 계기로 동북아 평화에 기여하는 「평화의 섬」만들기 운동을 민·관 협력으로 전개하게 되었고 90년대 후반 「4·3」사건이 화해와 상생의 마음으로 승화되는 기틀이 마련되었고 감귤 북한 보내기사업의 실시, 제주평화포럼의 개최 등으로 한반도와 동북아 평화에 기여하게 되었다. 한국정부도 이를 인정 제주도를 「세계평화의 섬」으로 지정 국가적 차원에서 관심과 지원을 하기에 이르렀다.

오키나와와 제주도 두 지역은 각기 일본과 한국이 태평양으로의 교두보에 위치한 지리적 여건과 역사적 배경에 의거해 자유무역지대를 중심으로 한 국제자유도시 건설을 비전으로 채택하고 실천에 옮겨 나가고 있다. 오키나와는 오따지사가 97년 「자유무역지대 계획안」을 수립하고, 관세 및 규제철폐, 노비자제도의 도입 등을 추진하려 했으나, 분리주의적 지향을 우려한 일본정부는 이에 대한 저극적인 지원을 표방하지 않음으로 실천으로 옮겨가지 못했다. 98년 일본정부와의 적극적 협력을 표방한 신임지사가 출범한 이후 실사구시적 정책을 표방하면서 일본정부는 G-8정상회담을 오키나와에서 개최하는 등 지원에 나섰다. 2007년 G-8정상회담의 성공적 개최에 힘입어 오키나와의 현 정부는 지난날의 피해의식에 근거한 평화 절대주의적 입장에서 벗어나 일본의 국가발전에 오키나와가 동참한다는 새로운 정책노선을 내걸고 국제자유도시로의 발전을 꾀하고 있다. 물론 이러한 오키나와 현 정부의 정책이 「일본의 신민족주의와 군사주의」를 옹호한다고 비판하고 미군기지 전면철폐와 경제자립의 추구를 주장하는 시민세력이 오키나와에 있다. 제주도에도 해군에서 제주도에 군사기지를 건설하려 하고 있으며 찬반의 주장이 첨예하게 대립하고 있는 실정이다. 오키나와의 사례를 잘 분석하면 제주도민의 갈등을 평화롭게 해소할 수 있는 길을 찾을 수도 있을 것이다.

II. 오키나와와 제주도의 평화교류 추진 방안

1. 지자체간 교류협력 네트워크 구축3)

제주국제자유도시추진위원회(위원장 국무총리)가 심의·의결하여 최종 발표한 〈세계평화의 섬 지정계획에 의한 17대 사업〉에서 국제기구 및 국제회의 유치와 관련 된 사업으로 국제기구 설립 및 유치, 평화관련 국제회의 개최, 동북아평화협력체 창설 추진 등 3가지가 있는데 이를 위하여 평화의 섬인 오키나와의 지역정부 및 시민차원에서 서로 정보를 공유하고 공동의 사업을 전개하기 위해 네트워크 형성은 추진할만하다. '세계 평화의 섬' 전략과 '국제자유도시'전략은 제주특별자치도를 갈등이 없는 협의의 평화 개념보다는 정의와 복지가 있는 광의의 평화와 번영을 추구한다고 할 수 있다. '세계 평화의 섬' 전략을 효과적으로 추진하기 위해서는 중앙정부, 지자체, 도민들 간의 협력체제 및 역할이 중요한 과제이다.4) 또한 국제적 수준에서 해외의 평화도시와 네트워크가 중요하며, 지정학적으로나 역사·문화적으로 제주도와 유

---

3) 김부찬, "제주특별자치도의 출범과 세계평화의 섬 추진과제-국제평화교류 증진방안을 중심으로-", 『평화연구』, 제주대평화연구소, 제18권 제1호, 2007, pp.121-126.
4) 세계평화의섬범도민실천협의회. 『제주'세계 평화의 섬' 성과와 실천전략』(세계평화의섬범도민실천협의회, 2007), pp.19-20.

사한 경험과 상황을 보이는 오키나와 평화교류·협력 네트워크를 구축하는 것은 바람직하다. 2002년은 오키나와도 평화담론에 변화가 일기 시작하여 지금까지의 태평양 전쟁의 아픔해소와 미군기지 반대운동에서 나아가 동북아의 평화에 기여하는 외향적인 평화사업을 전개하게 된다. 오키나와 현정부가 주관이 되어 해외에서 세계평화에 기여하는 평화운동가 또는 단체를 선발하여 수여하는「오키나와 평화상」을 제정하였고 시민단체로서 해외평화봉사활동을 하는 비영리법인인「오키나와 평화협력센터」(OPAC)가 출범하였다. 이런 움직임은 대외교류협력사업에 관심을 두고 오키나와 평화운동의 국제화로 범위를 넓히고 있다고 볼 수 있을 것이다. 이러한 맥락에서 오키나와와 제주도의 네트워크 형성은 서로 유익한 일이다.

1) 오키나와 현「평화참획과」와 제주특별자치도「평화협력과」사이의 교류협력

오키나와 현의 평화정책을 담당하고 있는 부서는 '문화환경부'의 '평화·남녀공동참여과'다. 이 부서에서는 '평화의 초석', '오키나와 평화상', '평화기념자료관 관리운영', '헌법보급계발' 사업을 시행하고 있다. 또한 오키나와에서는 매년 시장과 현지사가 직접 '평화선언문'을 작성하여 낭독하고 있다. 제주특별자치도 국제자유도시추진국의 평화협력과에서는 중앙부처인 외교통상부, 통일부, 국방부 등과 협력하여 제주평화연구원 설립, 제주국제평화센터 콘텐츠확보, 모슬포 전적지 공원조성, 평화관련 국제회의 등을 개최한 바 있다. 이러한 평화협력 활동을 하는 행정관청의 습득한 지식을 서로 공유하고 협력하는 것은 상호

도움을 주기에 실현이 가능할 것이다.

2) 오키나와의 평화 관련 단체와 제주도의
평화관련 범도민협의회와의 교류

오키나와에는 평화운동을 하는 단체와 개인이 많은 것으로 알려져 있다. 오랫동안 비폭력의 운동을 전개해온 전통을 갖고 있는 오키나와의 평화단체와 삼무정신의 평화와 조화와 자연생태를 소중히 여긴 제주도의 평화단체와의 교류는 아시아의 평화를 넘어서 세계평화에 기여하게 될 것이다. 먼저 「세계 평화의 섬 범도민실천협의회」기 오끼나와의 OPAC와 교류협력을 추진할 필요가 있다. 이 기반속에서 제주도내의 평화기관과 단체들이 네트워크를 구축하고, 오키나와의 여러 평화단체들과 교류협력사업을 공동으로 추진하는 것으로 발전할 필요가 있다.

2. 평화교류단의 상호방문과 공동행사 추진

1) 청소년 평화캠프

제주 세계평화의 섬이 성공을 거두고, 평화의 창출, 확산 및 정착을 위하여 학교교육이 필수적이라는 인식의 확산이 중요하며 다양한 평화교육의 주제 및 유형들 중에서 프로그램을 개발하는 것이 필요하다. 특히 방학 기간에 평화캠프를 개설하여 자라나는 청소년들에게 평화에 대한 인식 변화와 평화애호정신의 함양을 통하여 평화의 섬 이미지를 제고 하는 좋은 계기가 될 것이다. 오키나와현의 협조를 얻어 청소년 국제교류를 활성화하고 이를 통하여 국제 이해 및 국제 문화교류를 촉진할 수 있을 것이다. 평화에 대한 이해와 감수성을 키워줄 수 있는 평화 관련 강좌의 개설 및 갈등해결 프로그램과 의사소통 프로그램을 운영하여 일상에서의 평화적 갈등해결 능력의 함양, 상호간의 의사소통 기술, 사고 전개 과정의 올바른 이해와 문제 해결 능력 배양을 통한 시민의식을 고양하는 것이 바람직하다. 특히 이 프로그램은 학교폭력의 문제도 예방할 수 있을 것이다. 평화캠프의 정례화를 통하여 자신의 생각을 명확하게 표현하는 방법, 화해와 중재의 기술, 의견차와 다양성을 인정하는 자세, 배려와 관용의 덕목 등 평화시민의 자질과 능력을 함양시킬 수 있을 것이다. 특히 제주국제평화센터의 홈페이지 기능을 활성화하여 평화와 인권 각국의 평화교육, 전쟁, 환경문제 등 평화교육의 다양한 주제에 관한 자료를 구축하여 온라인 평화학교를 동시에 운용하여 평화캠프의 내실을 기하는 것도 고려할 만하다. 이를 위해서 웹사이트 관리와 정기적인 업데이트 체제를 구축할 수 있어야 한다.

2) 성인중심의 교류단 상호방문5)

두 지역의 민간단체가 중심이 되어 제주도의 경우 「오키나와를 사랑하는 제주도의 모임」(가칭)과 오키나와는 「제주를 사랑하는 오키나와인의 모임」을 결성하여 상호방문을 추진한다. 이를 통해 상대지역의 평화운동과 사업 그리고 평화문화등을 학습하는 결과가 되어 그들로 하여금 평화를 실천하고 양지역 나아가 동북아의 평화에 기여하는 평화협력체계 형성에 기반이 될 것이다.

---

5) 김부찬, 상계논문, pp.124-125.

3) 해외공동봉사

제주특별자치도는 세계평화의 섬 실천 사업을 추진하기 위하여 「세계평화의 섬 범도민 실천협의회 설치 및 운영조례('06.1.11)」를 제정하여 실천협의회 산하에 평화봉사를 비롯하여 평화교류, 평화안전, 평화환경, 평화문화 등 5개 분과위원회를 두고 있다. 제주특별자치도는 '제주평화봉사단'을 2006년 12월 21일에 발족시켰다. 제주평화봉사단은 해외봉사단체인 사회복지법인 월드비전제주지부, 서귀포시 여성 통역봉사회, 원불교 제주원봉공회, 제주국학평화봉사단, 제주특별자치도 외국어자원봉사단, 제주여성 외국어자원봉사회, 제주 YMCA, 제주외국인평화공동체, 제주특별자치도청소년활동진흥센터, 천주교제주교구 이주사목위원회, 제주대학교 아라봉사단, 제주영락교회 해외봉사선교단 등 12개 단체로 구성되어 활동하고 있다. 제주평화봉사단은 몽골, 동티모르, 스리랑카, 아프리카 최빈국 등을 대상으로 재난·재해지역 피해복구 및 의료지원 봉사, 저개발국 의료봉사·사회교육 및 보건교육, 그리고 국제평화기구와 연대하여 기아 구호 등에 참여하여 활동해 오고 있다. 이들과 오키나와에 있는 봉사단체가 상호 교차하여 봉사활동을 벌이거나 연대하여 국제적인 봉사활동을 하는 것도 추진할 만하다.

3. 평화 관련 학자 및 전문가들의 세미나 공동개최

세계평화의 섬이 성공을 거두고 , 평화의 창출, 확산 및 정착을 위하여 평화 관련 학자 및 전문가의 세미나를 공동 개최하는 것은 필수적이다. 제주특별자치도가 평화의 섬으로 지정된 것에 대한 도민들의 인지도는 89%로 높지만 구체적인 실천전략이나 목표, 개념 등에 대한 이해도는 낮은 편이다.6) 향후의 평화 환경의 의미를 정치 안보적 측면에서 다루는 상위개념 시각만이 아니라 생활환경 측면에서 다루는 하위개념에서의 접근에 초점을 두어 논의 하는 것이 바람직하다. 이런 맥락에서 하위개념의 전문가들의 세미나도 일부 포함하는 것을 고려할 필요가 있는 것으로 보인다. 특히 오키나와는 제주도와 많은 부분 유사성이 많은 지형학적인 특성과 역사적 경험을 하였으므로 상호 필요한 지식을 교환하여 공유할 수 있을 것이다. 특히 이런 기회를 활용하여 평화운동의 이론과 실제에서 진일보 하게 될 것이다.

Ⅲ. 제주도의 평화정책의 시사점

1. 제주 세계 「청년평화상」의 제정

① 오키나와의 「평화상」사업과 차별성을 두고 제주특별자치도가 세계평화에 기여하는 방안으로 제주세계 「청년평화상」사업을 전개할 필요가 있다.

② 제주특별자치도가 "세계평화의 섬"으로 세계에 널리 알려지도록 하고 전 세계의 청년들을 대상으로 하여 세계평화에 기여하는 청년 또는 청년들로 구성된 단체 등을 선정하여 「청년평화상」을 수여하는 것이다.

---

6) 상계서, p.67.

2. 제주 평화봉사단의 강화

제주특별자치도가 발족 시킨 '제주평화봉사단'은 많은 활동을 해오고 있다. 그러나 이를 확대하고 내실화를 기하는 것이 필요하다. 단원의 수를 늘리는 것과 더불어 해외 타 시도의 봉사관련 전문가와 센터관계자, 공무원들을 초빙하여 단원들의 능력을 함양하는 것이 필요하다. 해외 타시도의 NGO와의 협력 교류도 필요하다. 사이버 평화봉사활동을 전개하여 재해나 재난 지역의 정보를 제공 받거나 제공함으로써 효율적이고 내실 있는 봉사역량을 키울 수 있을 것이다. 가장 중요한 사항 중의 하나는 기금 마련이 선행되어야 한다는 것이다. 평화봉사단의 사업성격을 보면 인적 봉사의 성격과 물적 지원의 두 가지 측면으로 구분해서 볼 수 있다. 그러므로 제주평화봉사단의 회원 단체 수를 더 확대하는 것도 중요하지만 기금조성과 평화기구와의 연대를 통한 봉사활동과 국제적인 우호협력을 연계시켜 국가 간의 우호협력관계를 증진하고 상호교류를 활성화 시켜야 한다. 오키나와는 이러한 활동에서 중요한 역할을 할 수 있을 것이다. 한반도의 지정학과 세계화의 상호성의 효과로 인하여 한반도만이 아닌 동북아 내지는 지구적 문제가 되고 있는 현실에서 제주도는 제주 섬을 넘어서는 관계 맺음을 지향하여야 하고 제주도 세계평화의 섬 실천사업은 의도하든 의도하지 않던 제주도와 동아시아간의 상호 연관 및 주고받기에서 특정의 파급효과를 가져올 수 있는 제주도민의 참여와 역량강화로부터 그 역동성과 추동력을 찾게 되리라고 보는 학자도 있다.[7] 이런 관점에서 본다면 가장 효과적으로 국제적 연대를 맺는 활동은 평화봉사단의 가시적인 활동이 될 것

---

7) 양길현, 『평화번영의 제주정치』(도서출판 오름, 2007), pp.89-90.

이며 이를 위하여 평화봉사단의 역량 강화는 필수적일 것이다.

3. 평화교육의 진작

무엇보다도 제주특별자치도가 "세계평화의 섬"전략을 성공시키기 위하여 필요한 것이 평화교육일 것이다. 평화교육은 전문가들이나 평화봉사단원 뿐만 아니라 제주도민 전체를 대상으로 지속적으로 펼쳐나가야 하는 과제이다. 그러나 우선적으로 평화아카데미의 확대 운영과 청소년 평화교육의 추진 가능성을 검토하겠다.

1) 시민교육으로서의 평화아카데미 확대운영

시민들에게 평화아카데미를 개설하여 평화에 대한 이론적 실제적인 지식을 쌓을 기회를 제공하는 것은 중요하다. 이를 위하여 체계적으로 난이도를 조정하여 개설하는 것이 바람직하다. 강의의 난이도와 더불어 일상의 생활에서 방해받지 않고 받을 수 있도록 주말을 이용하여 개설하는 것이 좋을 것이다. 참여도와 성취감의 고양을 위하여 수료증을 수여하는 것이 바람직하다. 제주 평화 아카데미의 운영을 위해서는 제주특별자치도교육청, 세계 평화의 섬 범도민실천협의회, 제주국제평화센터, 제주교육대학교 등의 유관기관 및 단체와의 협력체제를 구축하는 것이 바람직하다. 제주대학교의 제주국제화아카데미, 제주교육대학교의 사라아카데미 등 기존의 학내외 강연이나 특강 등에 평화와 인권 등 평화교육 관련 주제를 포함하는 방안의 검토도 필요하다.

2) 청소년 평화교육

청소년들에게 평화교육을 시키기 위하여 방학기간에 평화캠프를 열거나 평화국제교류를 추진하는 것이 바람직 할 것이다. 이 경우 홈스테이 등의 상호협력이 필요하다. 이런 경험은 다른 문화의 이해의 정도를 높이게 하고 상호 국가에 대한 호감을 갖게 할 것이다. 학교 에서 자체적인 평화교육을 실시할 경우 평화교육전문가를 보내줄 수 있도록 하는 방안도 필요하다. 청소년들에게 흥미 유발과 높은 참여를 유도하기 위하여 평화 관광도 접목할 만하다. 집단학살, 전쟁, 인권 등 평화의 테마와 관련 된 관광코스를 개발하고 이를 평화교육과 연계시킨다면 학습효과를 높일 수 있을 것이다. 모슬포 전적지 등 기존의 유적 및 시설물을 정비하여 이를 평화교육의 장으로 이용할 수 있다. 평화의 요소 중 하나인 생태와 자연환경의 보호도 평화교육에서 중요한 위치를 차지한다.

4. 범도민 실천협의회의 내실화

앞에서 논의한 여러 가지 평화의 섬 전략의 성공적인 추진을 위하여서는 여러 가지 지원의 주체가 필요하다. 중앙정부의 여러 기구의 협력을 바탕으로 제주특별자치도가 주체가 되어 사업을 추진하겠지만 제주도민을 대변하는 「범도민 실천협의회」의 지지가 중요한 기여를 할 것이다. 그러기 위해서는 범도민 실천협의회를 내실화 하는 것이 필요할 것이다.

1) 법인화

범도민 실천협의회의 내실화를 위해서는 법인화를 하는 것이 필요 하다. 법인은 자연인에 의하여서는 목적을 달성하기 어려운 사업을 수행할 수 있게 하기 위하여 사람의 결합이나 특정한 재산에 대하여 자연인과 마찬가지로 법률관계의 주체로서의 지위를 인정한 것이다. 법률행위는 사람만(미성년자, 무능력자, 금치산자, 한정치산자 등은 제외) 할 수 있으므로 단체도 법률행위를 할 수 있게 하는 제도가 필요하여 그 단체에 법률행위를 할 수 있도록 하는 것이 법인화 조치이다. 단체가 계약서를 쓰고 서명해야 하는 사업을 추진하려면 법인을 만들고 대표자가 단체명으로 서명을 하게 된다. 그러므로 사업을 원활하게 진행하기 위하여 범도민 실천협의회를 법인화 하는 것은 필수적인 조치이다.

2) 사무국

범도민 실천협의회를 효율적으로 운영하기 위하여 사무국을 두고 긴밀하게 제주특별자치도의 행정력과 협조하는 것이 필요하다. 민과 관의 조화로움을 살려 제주도를 명실상부한 평화의 섬으로 전 세계에 알리고 정의와 풍요가 어우러지는 아름다운 지역으로 만드는데 기여할 것이다.

IV. 결론

제주도는 예부터 3無정신을 바탕으로 한 평화·문화의 전통과 해방 후 「6·25」 이전의 「6·25」라고 볼 수 있는 4·3사건을 화해와 상생으로 승화시켜왔다. 또한 90년 초 한·소정상회담의 성공적 개최이후 한반도와 동북아의 평화정착에 기여하는 정상회담 개최지로 자리매김하면서「평화의 섬」만들기에 나서게 됐으며 정부도 이를 뒷받침하는 특별법 제정과「세계평화의 섬」지정을 통해 제주가「세계평화의 섬」으로 발돋움하는 계기가 마련되었다.

그동안「제주평화포럼」의 지속적 개최와 국제평화센터의 건립. 4·3평화공원의 건설, 감귤북한보내기 사업의 전개 등으로 한반도와 동북아 평화에 기여하는 평화사업을 실시해왔으며, 특별자치도로 출범하면서「평화협력과」의 신설,「세계평화의섬범도민실천협의회」의 내실화 등을 통해「평화의 섬」을 향한 전진을 해나가고 있다.

그러나 제주 평화의 섬 추진이 성공하기 위해서는 지정학적 특성과 인류학적 특성 그리고 평화를 갈망하는 점 등에서 친밀감을 가지고 있고 나름대로「평화의 섬」을 만들어 온 일본 오키나와 섬과의 네트워크 형성과 교류협력사업이 중요하다 하겠다. 또한 그동안「평화의섬」으로 추진해 온 오키나와현의 평화정책과 시민사회의 노력과 활동은 향후 제주평화의 섬 발전에 큰 지식과 경험을 줄 것이다.「평화의 섬」을 지향하는 제주와 오키나와가 서로 협력해 나갈 때 이 지역의 평화는 더욱 더 깊게 그리고 넓게 자리 잡을 것이다.

▌참고문헌

오키나와의 평화교육 ·· 94

류큐신문사편, 『証言 沖繩戰 戰禍を掘る』, 류큐신보사, 1995.

오키나와현 여자사범 · 1고녀 히메유리동창회편, 『公式ガイドブック ひめゆり平和祈念
資料館』, 오키나와현 여자사범 · 1고녀히메유리동창회, 1989.

新崎盛暉 · 仲地哲夫외, 『沖繩修學旅行』, 고분켄, 1993.

오키나와 미군기지와 주민운동 ·························· 128

강근형. 『미일관계의 정치경제: 미국의 패권과 일본의 도전』, 제주: 제주대학교 출판
부, 2003.

김국신, 배정호. "주일미군 재편의 의미와 시사점," 서울: 통일연구원, 2006.

김현. "오키나와 미군기지 장기주둔의 기원과 이유: 미국의 정책결정(1945-1972)" 『시민
정치학회보』 제7권(2006).

서동만. "오키나와 미군기지 문제와 일본 국내정치," 『주요국제문제분석』 외교통상부
외교안보연구원(1997년 6월 18일).

아라사키 모리테루. "전후 오키나와에 있어서의 미군기지의 형성,"
http://biho.taegu.ac.kr/~jahk/page3-1-13.htm.

오키나와 현. "오키나와 미군기지 설명자료"(2006년 12월).

쿠리마 야스오, 제주발전연구원 역. 『오키나와에서 배운다 Ⅱ: 경제개발론과 프리존
구상』, 서울: 오름사, 2003.

『한계레신문』, 2006년 1월 31일.

Fisch, Anold, Jr. *Military Government of the Ryuku Islands, 1945-1950*.
Washington, D.C.: Center of Military History, U.S. Army, 1988.

Japanese Communist Party. "Problems of U.S. Military Base in Okinawa,"
February 2000.

Kakuchi, Suvendrini. "Okinawa Poll Results Boost for US Military Ties," *IPS*,
November 21, 2006.

Masahide, Ota. "Renegotiate with US on Okinawa Base Issue," *Herald
Tribune/Asahi*, June 5, 2004.

McCormack, Gavan. "Okinawa and the Revamped US-Japan Alliance," ZNet,
November 16, 2005.

Okinawa Prefectural Government. "Promoting Resolution of Issues Concerning
U.S. Military Bases on Okinawa," November 16, 2003.

_____. "U.S. Military Issues in Okinawa,"(2004).

Shorrock, Tim. "Okinawa and the U.S. Military in Northeast Asia," *Foreign Policy*, Vol. 5, No. 22 (July 2000).

Taylor, Jonathan. "Anti-Military and Environmental Movement in Okinawa,"(draft).

Ui, Jun. "U.S. Military Bases and Environmental Problems," *ZNet*, September 02, 2003.

평화환경과 평화시설 ·· 150

김태일(2005), 제주건축의 맥, 제주학총서1, 제주대학교 출판부
김태일 외14인(2007), 제주인의 삶과 주거공간, 제주학총서3, 제주대학교출판부
노형초등학교 후원회(1998), 노형교육50년사
박용남(2001), 꿈의 도시 꾸리찌바, 이후출판사
숭실대학교 한국근현대사연구회「분단시대」, 제주역사·문화기행
제주도(1997), 제주실록
제주신보, 1962.11.13 기사
제주학연구소(1999), 제주학, 제3호 여름
圖錄 "광복60년 기념사업 Wind Art Festival(바람예술제) – '結7호작전'"
沖縄平和ネットワーク編(2004)、シリーズ沖縄の戰爭遺跡2 "八重瀬の戰爭"

오키나와의 경제 ·· 172

O 일본 자료
1. 오키나와진흥개발금융공고. 2006. 〈오키나와 경제 핸드북〉.
2. 오키나와현 기획부기획조정과. 2006. 〈오키나와현 경제의 개황〉.
3. 오키나와현. 2005. 〈관광요람〉.

O 한국 자료
권선아. 2006. 〈일본 내의 오키나와: 해양박람회〉. 전북대학교 교육대학원 석사학위논문.
김보민. 2004. 〈국제이벤트와 지역활성화에 관한 연구: 일본 오키나와의 사례를 중심으로〉. 연세대학교 대학원 지역협동과정 동북아 전공 석사 논문.
김승석. 2000. "제주경제 21 비전의 법 제도적 고찰," 〈제주비평〉, 창간호.
양기호, 2004. "미군기지와 일본의 지방정부," 양기호 외. 〈일본지역연구: 상〉. 서울:

소화.

야스오, 구리마. 2004. "일본 복귀 전후의 오키나와 경제," 양기호 외. 〈일본지역연구: 상〉. 서울: 소화.

小濱哲. 2000. "오끼나와 국제자유도시 추진사례," 〈제주관광학연구〉, 제3집. 2000년 12월.

아스오, 쿠리마. 2003. 〈오키나와에서 배운다 II 경제개발론과 프리존 구상〉. 서울: 오름.

"오키나와 경제진흥 21 계획 중간보고의 개요," 2000. 〈제주비평〉, 창간호.

오상훈. 고계성. 2006. "섬 관광지 매력성 비교 연구," 〈관광학연구〉, 제30권 제2호.

이지원. 2006. "현대 오키나와에서의 '혁신'의 의미와 특징," 〈일본연구논총〉, 23호.

히로타카, 마키노. 2003. 〈오키나와에서 배운다 I 국제자유도시의 빛과 그림자〉. 서울: 오름.

Enokido, Keisuke. 2006. "Selling Okinawa: Reintegrating the Ryukyus through Tourism and Regional Development," 〈한국도시지리학회지〉, 제9권 3호.

필진

강근형(제주대학교 정치외교학과 교수)
고성준(제주대학교 윤리교육학과 교수)
김부찬(제주대학교 법학부 교수)
김태일(제주대학교 건축학부 교수)
양길현(제주대학교 윤리교육학과 교수)
이창익(제주대학교 일어일문학과 교수)
장원석(제주대학교 정치외교학과 교수)

오키나와와 평화

2007년 12월 21일 초판 발행

집필진 강근형·고성준·김부찬·김태일
         양길현·이창익·장원석
펴낸이 김흥국
펴낸곳 도서출판 **보고사**

등 록 1990년 12월(제6-0429)
주 소 서울시 성북구 보문동 7가 11번지
전 화 922-5120~1(편집부), 922-2246(영업부)
팩 스 922-6990
메 일 kanapub3@chol.com
        www.bogosabooks.co.kr

ISBN 978-89-8433-625-4

정가 10,000원

잘못된 책은 교환하여 드립니다.